實用居家養老照料指南

序言

　　隨着科學進步，人類壽命越來越長，再加上社會少子化的現象日趨普遍，養老問題成為每個家庭面對的現實問題。如何為家庭照料者賦能、提升其照護和紓解照料壓力的能力，是發展和完善居家養老服務的題中之義。

　　目前，市面的居家養老照護讀物，大多以專業的醫療照護為目的，書中常有大量的護理專業術語，實操指導及可讀性差，極大地限制了這些基礎的照護知識技能在普通的家照料者中傳播普及。本書根據老人和家庭的居住生活特點，用直觀、簡潔、圖文並茂的方式編寫，是一本符合廣大老人和家庭實際生活場景的圖解居家照料實用技能圖書，是踐行支持家庭照料者最直接、也是最有效的一種方式。

　　本書在充份吸取國內外先進經驗的基礎上，以維護和提升失能老人的自理能力為指導思想，對家庭照料者的照護進行科學指導，將居家養老護理相關知識編製成便於家庭照料者學習使用的手冊，以此破解家庭照料者知識技能不足的難題，提升居家養老照護的水平，改善居家養老老人的生活品質。

9 大板塊全方位指導如何照料老人

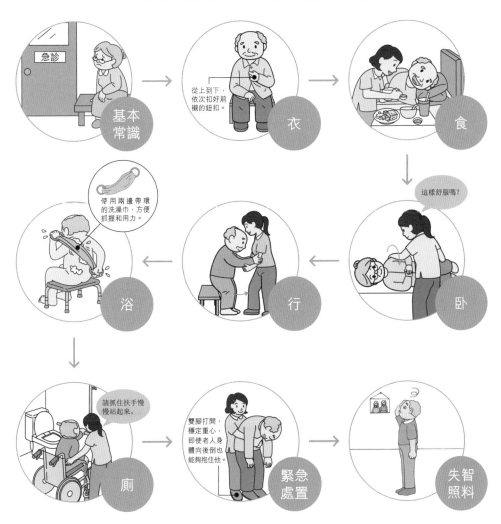

人物介紹

男性老年人

女性老年人

女性照料者

男性照料者

本書使用方法説明

翻身、步行、沐浴、飲食……照料的內容全面包含了照料老人日常生活的各種動作，本書將這些動作分門別類，歸於各章節。

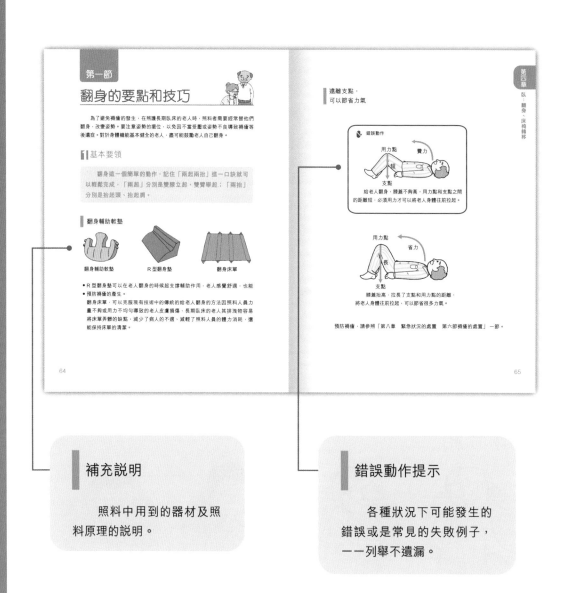

補充說明

照料中用到的器材及照料原理的說明。

錯誤動作提示

各種狀況下可能發生的錯誤或是常見的失敗例子，一一列舉不遺漏。

完全列舉
出聲提示的重點

　　照料者與老人雙方的互動關係很重要，清晰準確的表達照料者的意圖以及禮貌用語在照料過程中都尤為重要。本書為所有的動作配上口頭提示，有如動作旁白。

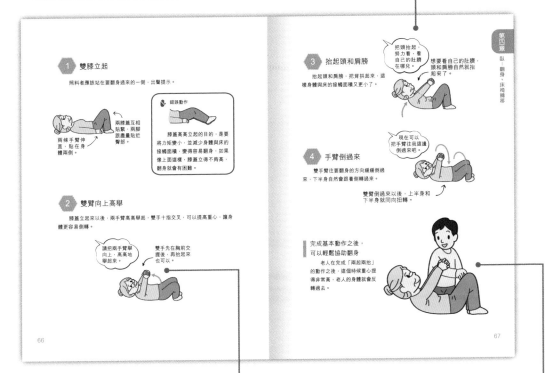

1 雙膝立起

照料者應該站在要翻身過來的一側，出聲提示。

兩條手臂伸直，貼在身體兩側。

兩膝蓋互相貼緊，兩腳跟盡量貼近臀部。

錯誤動作

膝蓋高高立起的目的，是要將力矩變小，並減少身體與床的接觸面積，變得容易翻身，如果像上面這樣，膝蓋立得不夠高，翻身就會有困難。

2 雙臂向上高舉

膝蓋立起來以後，兩手臂高高舉起，雙手十指交叉，可以提高重心，讓身體更容易側轉。

請把兩手臂向上，高高地舉起來。

雙手先在胸前交握後，再抬起來也可以。

3 抬起頭和肩膀

抬起頭和肩膀，把背拱起來，這樣身體與床的接觸面積又更小了。

把頭抬起，努力看，看自己的肚臍在哪兒。

想要看自己的肚臍，頭和肩膀自然就抬起來了。

4 手臂倒過來

雙手臂往要翻身的方向緩緩倒過來，下半身自然會跟着側轉過來。

雙臂倒過來以後，上半身和下半身就同向扭轉。

現在可以把手臂往我這邊倒過來吧。

完成基本動作之後，可以輕鬆協助翻身

老人在完成「兩起兩抬」的動作之後，這個時候重心提得非常高，老人的身體就會反轉過去。

第四章 臥：翻身、床椅轉移

66　　67

動作方向提示

　　開始照料的動作，有許多技巧上的要領，通過箭頭的提示生動準確地表達老年人動作要領。

簡易圖解
一目了然

　　以照料的基本動作為主，拆解成易看易懂的圖解加以說明。即使復雜的動作，也會盡量用最少的步驟解釋清楚，便於理解。

老年人的照料，大致可以分為以下四種類型

A

居家由家庭提供照料，這是大多數老人最希望的養老方式。

B

居家接受社區養老服務：適用於能力有一定缺損、家庭照料資源相對緊張的家庭。

C

送到普惠性的養老機構照料：能力有較嚴重缺損，家庭照料資源（特別是人手）相對緊張、但有一定經濟能力的家庭。

D

送到品質較高的專業養老機構照料：適用於家庭經濟狀況較好、同時老人對生活品質有較高需求的家庭。

　　為了更好地安排老人的照料，我們需要對老人的基本狀況、居住安排以及家庭的照料資源等進行簡單的評估：

老人能否獨立料理基本的生活（第 18 頁）
老人的基本生活能力是否完好（第 19 頁）
老人的心理是否健康（第 21 頁）
老人居住環境情況（第 22 頁）

　　如果老人獨立處理日常事務的能力、基本生活能力及心理健康都較為完好，則可以放心地由老人自主選擇在家或其他自己喜歡的地方獨立生活。

　　如果老人存在一定的能力受損，則需要根據老人的需求進行相應的支持和協助。需要我們對家庭照料資源進行相關的評估，最終根據評估結果決定合適的照料方案。

家庭照料資源是否充足	否	是
是否和家人共同居住？	0	1
家庭成員是否有照料的意願？	0	1
家庭成員是否有時間承擔照料責任？	0	1
居家環境是否方便提供照料？（如有無電梯）	0	1
家庭的經濟條件是否寬裕？	0	1
目前居住環境是否存在安全隱患？	0	1

　　如果上述問題的答案絕大部分都是「是」，則可以選擇居家養老，或借助一些社區資源協助。如果大部分的選擇是「否」，則需要更多借助社區，甚至專業機構的力量來支持和協助家庭成員，共同為老人提供更合適的照料支持和幫助。

目錄

照料老人，會遇到各種各樣的問題，
照料者需要對老人身心狀態、照料的
基本技巧等有所了解。

第一章

居家養老照料 ABC

老年人的身體特徵

1 老人的身體特點

充份了解老人身體變化，是做好照料的第一步。人上了年紀，衰老會在身體的各個部位打上印記，身體內部也有變化。

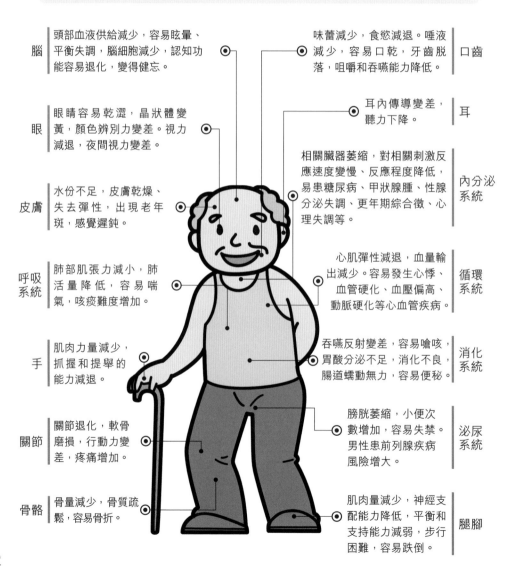

腦｜頭部血液供給減少，容易眩暈、平衡失調，腦細胞減少，認知功能容易退化，變得健忘。

眼｜眼睛容易乾澀，晶狀體變黃，顏色辨別力變差。視力減退，夜間視力變差。

皮膚｜水份不足，皮膚乾燥、失去彈性，出現老年斑，感覺遲鈍。

呼吸系統｜肺部肌張力減小，肺活量降低，容易喘氣，咳痰難度增加。

手｜肌肉力量減少，抓握和提舉的能力減退。

關節｜關節退化，軟骨磨損，行動力變差，疼痛增加。

骨骼｜骨量減少，骨質疏鬆，容易骨折。

味蕾減少，食慾減退。唾液減少，容易口乾，牙齒脫落，咀嚼和吞嚥能力降低。｜口齒

耳內傳導變差，聽力下降。｜耳

相關臟器萎縮，對相關刺激反應速度變慢、反應程度降低，易患糖尿病、甲狀腺腫、性腺分泌失調、更年期綜合徵、心理失調等。｜內分泌系統

心肌彈性減退，血量輸出減少。容易發生心悸、血管硬化、血壓偏高、動脈硬化等心血管疾病。｜循環系統

吞嚥反射變差，容易嗆咳，胃酸分泌不足，消化不良，腸道蠕動無力，容易便秘。｜消化系統

膀胱萎縮，小便次數增加，容易失禁。男性患前列腺疾病風險增大。｜泌尿系統

肌肉量減少，神經支配能力降低，平衡和支持能力減弱，步行困難，容易跌倒。｜腿腳

2 老年期疾病的基本特徵

老年病是指在老年期所患的、與衰老有關的、並且有自身特點的疾病。

● 年老後的疾病特徵

隨着年齡增長，身體功能的衰退，大多數老人都患有不止一種疾病。

對老年人的照料和健康管理，不能只針對單一的症狀來處理，頭痛醫頭、腳痛醫腳是不行的，而必須關注老人整體的情況。

老年人的康復能力不如年輕人，有些病可能久治不癒，並且很多是無法根治的慢性疾病。

● 初期不易察覺

老年病在初期往往不易察覺，平時要以預防和康復維護為主。

● 高風險

老年疾病的另一個特徵是容易出現失智、跌倒、失禁等很少發生在年輕人身上的情況。

- 因人而異

　　症狀出現後又呈多樣化，但病因往往不十分明確，並且同一種疾病在不同人身上的表現和症狀也不盡相同，這樣的差異在年輕人身上並不明顯，卻是老年人一個基本的特徵。

- 藥物副作用

　　為了治療多種疾病，許多老人會同時服用多種處方藥物，這些藥物之間可能會發生一些意想不到的反應，對身體產生副作用，成為導致老年身體受損的潛在風險。

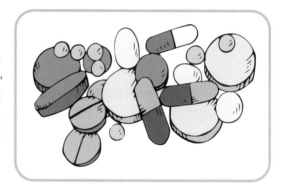

- 難以痊癒

　　一旦生病，往往病程長，恢復慢，難以完全治癒，有時還會突然惡化。

第二節

老年人的心理特徵

1 年老後的心理變化

> 上了年紀後，生活規律會因為退休而改變，子女也成家獨立，配偶可能離世、身體機能衰退……，諸如此類的變化會對老年人的性格和心理帶來很大的改變。

● 不安全感

身體機能衰退與環境的改變，會讓老人產生不安全感。表現出莫名的焦躁、憂慮、動不動罵人、害怕孤單、多疑、自我中心、頑固等行為，以上都可以視為是內心不安的表現。

● 無力感

衰老帶來體力衰退、疾病纏身，自己卻無能為力，有的老人甚至會喪失活下去的勇氣。尤其是生病時，最容易失去希望，變得被動依賴、毫無生氣。

● 脫離社會

社會活動減少，行動範圍受限，都會讓老人感到和社會、家庭日漸疏遠、隔離。如果沒有及時排解和得到安撫，長此下去可能會患上抑鬱症。所以平時家人要多與老人溝通、關注老人的心情。

- 孤獨

　　特別是在社會劇烈變化和發展的時代，老年人不能自覺適應周圍環境，缺少或不能進行有意義的思想和感情交流，長期的孤獨產生憂鬱感，長期憂鬱就會焦慮不安，心神不寧。

- 洞察力更勝於記憶力

　　上年紀不全然是壞事。老人雖然記不住新東西了，但理解力和洞察力卻可能比年輕的時候更強。只要願意多花點時間，學習一些新的東西，多參加一些社會工作、社區活動等，都可以讓老人發現新的生命意義。家人應該對老人的社會參與給予鼓勵和協助。

2 老年抑鬱症

　　老年抑鬱症是由於身體衰老、環境變化、社會功能喪失等引發的心理疾病。典型症狀表現為情緒低落、專注力下降、對甚麼事情都提不起興趣、坐立難安。

　　此外老年人還可能會在身體狀況方面表現出一些症狀，如：

1. 耳鳴、暈眩、手腳麻痺等症狀。
2. 頭痛、腰痛、胃的不適感等原因不明的症狀。

總懷疑自己患上「大病」，過度擔心自己的健康，
也是老年抑鬱症常見的一大表現。

老年人的這些症狀常常被認為「反正年齡大了就這樣」，而放任不管、不進行有效干預，則病情會日漸加重，給晚年生活帶來更多的隱患和風險。

3 認知障礙症 / 阿茲海默症

認知障礙症又稱阿茲海默症，以往也稱「老年癡呆症」，是因腦部損傷或疾病而導致的漸進性認知功能退化的一種慢性或進行性綜合徵，主要表現為記憶、思考、行為和日常活動等能力的衰退，嚴重時會無法分辨人、事、時、地、物。

如果出現以上症狀，應積極採取干預療護措施，如心理干預、認知訓練、 身體康復鍛煉、用藥、專人看護等。

目前對於認知障礙症雖然沒有特別有效的治療方案，但及時的干預可以緩解病情的發展，也有利於提高患者的生活質量。

如果出現以上症狀，應積極採取干預療護措施，如心理干預、認知訓練、身體康復鍛煉、用藥、專人看護等。

老年人的生活能力

了解老人獨立處理日常事務的能力和維持生命的基本生存能力，是我們提供恰當照料支持的前提，我們先來對老人的能力狀況做一個簡答的評估吧。一定要記住，「適當」的支持和協助，而不是「大包大攬」或者「不管不問」，讓老人盡可能發揮或維持相關的能力，是理想的照料支持。

獨立處理日常事務的能力評估

1. 需要聯絡他人時，能不能自己打電話？	D	15 分	能獨立使用電話，含查電話簿、撥號等
	C	10 分	僅能打熟悉的電話號碼
	B	5 分	僅能接電話，但不能撥電話
	A	0 分	完全不能使用電話
2. 能一個人買東西嗎？	D	15 分	能獨立完成所有購物需求
	C	10 分	只能獨立購買日常生活用品
	B	5 分	每一次購物都需要有人陪
	A	0 分	完全不能獨自購物
3. 能自己一個人準備食物嗎？	D	15 分	完全沒問題
	C	10 分	如果一切食材及佐料準備好，能做一頓飯菜
	B	5 分	只能將已做好的飯菜加熱
	A	0 分	需要別人把飯菜煮好、擺好
4. 能自己一個人做家務嗎？	D	15 分	能單獨處理家務，或偶爾需要協助較繁重的家務
	C	10 分	能做較簡單的家務，如洗碗、擦桌子
	B	5 分	所有的家務都需要別人協助方能完成
	A	0 分	完全不能做家務
5. 能自己一個人使用交通工具外出活動嗎？	E	20 分	能夠自己開車、騎車或自己搭乘公共交通工具
	D	15 分	能夠自己搭乘的士，但不能搭乘公共交通工具
	C	10 分	當有人陪同時，可搭乘公共交通工具
	B	5 分	只能在有人協助或陪同時，可搭乘的士或自用車
	A	0 分	完全不能出門

6. 能自己一個人服用藥物嗎？	C	10 分	能在正確的時間服用正確的藥物（含正確藥量）
	B	5 分	如果事先準備好服用的藥物份量，可自行服用
	A	0 分	完全不能自己服用藥物
7. 能自己管理個人財務嗎？	C	10 分	可以獨立處理和管理個人財務
	B	5 分	可以處理日常的購買，但需別人協助到銀行辦理業務或大宗買賣
	A	0 分	完全不能處理錢財
總分			
獨立生活能力評價		0	能力完好：總分 100 分
		1	輕度受損：總分 65-95 分
		2	中度受損：總分 45-60 分
		3	深度受損：總分 ≤ 40 分

基本生活能力評估

1. 能自己吃飯嗎？	C	10 分	可獨立進食
	B	5 分	需部份幫助
	A	0 分	需極大幫助或完全依賴他人
2. 能自己從床上坐起並移到床邊的椅子上嗎？	D	15 分	可自行坐起，自己獨立移至椅子或用輪椅
	C	10 分	可自行坐起，移位時需小部份協助
	B	5 分	可自行坐起，離床需人部份協助
	A	0 分	完全依賴他人，不能自行移位
3. 能自己上廁所嗎？	C	10 分	能獨立完成
	B	5 分	需要部份協助
	A	0 分	需極大幫助或完全依賴他人
4. 能自己洗澡嗎？	B	5 分	能獨立完成
	A	0 分	需他人幫助
5. 能獨立在平地上走 45 米嗎？	D	15 分	能獨立完成（包括獨立使用拐杖、助行器等）
	C	10 分	需部份幫助
	B	5 分	不能走路 45 米，但能操作輪椅走 45 米以上
	A	0 分	不能步行 45 米，且無法操縱輪椅
6. 能自己穿脫衣物嗎？	C	10 分	能獨立完成
	B	5 分	需部份幫助
	A	0 分	需完全協助（完全依賴）
7. 能把自己收拾得乾淨整齊嗎？	B	5 分	能獨立完成
	A	0 分	需他人幫助

8. 能獨立上下樓梯（台階）嗎？	C	10 分	能獨立完成（可借助扶手、拐杖）
	B	5 分	需協助、監督或持續敦促
	A	0 分	需極大幫助或完全依賴他人
9. 有大便失禁的現象嗎？	C	10 分	能獨立完成
	B	5 分	偶爾失控（每週不超過 1 次），或需要他人提示
	A	0 分	需完全協助（完全依賴）
10. 有小便失禁的現象嗎？	C	10 分	無失禁（控）
	B	5 分	偶爾失控（每週不超過 1 次）
	A	0 分	需完全協助
總分			
日常生活活動分級	0		能力完好：總分 100 分
	1		輕度受損：總分 65-95 分
	2		中度受損：總分 45-60 分
	3		深度受損：總分 ≤ 40 分

温馨提示

• 所有的打分，以老人最近一個月的綜合情況為參考，無能力做這件事才屬於失能，「不會做」、「不願做」或者「都有別人幫忙做」這樣的情況不能算失能。

• 因為失智或嚴重抑鬱等，老人雖然有能力做，但可能需要人提醒、協助才能完成，則應該算作「需要協助」。

在一個星期內，老人是否有以下傾向或感受？ （主觀的感受最好由老人自己來回答）

心理健康評估

項目	A 從來沒有 （<1 天）	B 偶爾如此 （1-2 天）	C 經常這樣 （3-7 天）
1. 不想吃東西，胃口不好	0	1	2
2. 覺得心情很不好	0	1	2
3. 覺得事情做得不順利	0	1	2
4. 睡不安穩	0	1	2
5. 覺得很愉快	2	1	0
6. 覺得很孤單、寂寞	0	1	2
7. 覺得身邊的人都不友善（對您不好）	0	1	2
8. 覺得日子過得很好，很享受人生	2	1	0
9. 覺得很悲哀	0	1	2
10. 覺得別人都不喜歡自己	0	1	2
11. 提不起精神做任何事情	0	1	2

總分：_____

判定規則：

● 0 分：精神狀態非常好，希望保持積極樂觀的心態。

● 1-9（女性）/11（男性）分：心情偶有不愉快，有一點點小抑鬱，家人和自己可以努力調節，讓心情保持愉悅、輕鬆。

● 10（女性）/12（男性）分以上：有抑鬱傾向，建議多多留心，如果可以，請找專業的心理諮詢或精神科醫生尋求幫助。

居住環境的安全性評估

對於跌到過的地方需要進一步觀察是否存在一些可以進一步改善的地方，如加裝扶手，去掉不必要的坡坎、墊子等，讓居家的環境更加適老、無障礙，減少跌倒的風險。

第四節

開始照料的 6 須知

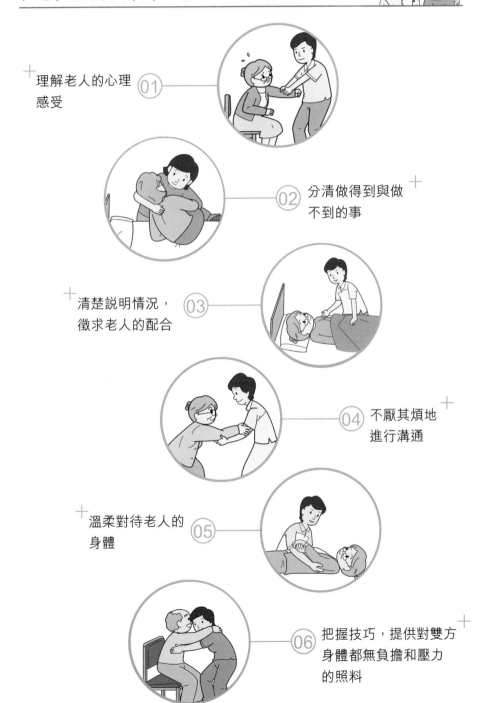

理解老人的心理
感受 ── ⑩

⑩ ── 分清做得到與做
不到的事

清楚說明情況, ── ⑩
徵求老人的配合

⑩ ── 不厭其煩地
進行溝通

溫柔對待老人的 ── ⑩
身體

⑩ ── 把握技巧,提供對雙方
身體都無負擔和壓力
的照料

23

1 理解老人的心理感受

　　照料者一定要盡可能體諒和理解老年人，如果對方做不到自己要求的事情，也要心平氣和地接受，消除老人對照料的疑慮不安。

好痛

疼

　　如果照料者生硬拉扯，會讓老人感到疼痛，進而對照料產生抗拒，不配合照料，增加照料的困難。

沒事，不會有問題。

萬一跌倒怎麼辦？

恐懼

　　站、立、行走等一些非常簡單的動作對老年人也會很吃力，進而會害怕而不願去做。

我也想趕緊穿好啊！

無能為力

　　由於身體老化，老年人的關節活動會變得遲緩，他們對自己的身體不聽使喚也很無奈。

2 分清做得到與做不到的事

> 鼓勵老人做力所能及的事，事事代勞反而會加重老人能力衰退的進程，增加照料的負擔，只有在他真的需要協助時，照料者才出手相助。

右腳有些無力但用拐杖支撐着可以自己走，沒問題！

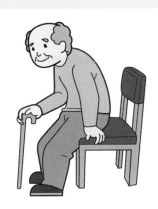

仔細觀察

照料者要細心觀察老人的動作、行為習慣，分清楚哪些是老人自己可以做到、哪些是做不到的事。

右手沒問題！

做得到的要老人盡量自己做

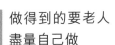

儘管老人動作遲緩，只要他能自己做到，就應該盡量讓他自己完成，這樣才能讓老人盡可能保持行動能力。

做不到時，才出手幫助

老人無論花多少時間也做不到或者非常吃力的事情，應當出手相助。照料者應當充份理解老年人「怕痛」、恐懼和無能為力的難處，不加重老年人無謂的負擔。

25

3 清楚說明情況，徵求老人的配合

照料過程中，要盡可能與老人溝通，讓對方清楚你要採取的照料措施，讓老人有心理準備，並取得老人的配合，降低照料難度。

接下來要怎麼做

採取行動前，應該提前讓老人知道接下來你會做甚麼。不打招呼就直接去挪動老人的身體，會令人不快，感覺不受尊重。

說明為甚麼要這麼做

同樣的起床，是吃飯還是洗澡，老人需要配合的動作是不同的。照料者應該提前告知老人活動的目的和內容。

告訴老人需要她如何做

在照料過程中明確告訴對方你需要她提供的配合，可以極大地降低照料的難度。

4 不厭其煩地進行溝通

多用平和的語言與老人進行溝通交流，可以增強老人的信任和安全感，能夠極大降低照料的難度。

🚫 錯誤動作　站起來

簡單、冷漠，老人可能不願意配合。

馬上要洗澡了，我們先站起來吧。

說清楚行動目標，增加對方配合的可能。

我們試試，向前彎彎看！

放緩語氣、耐心引導。

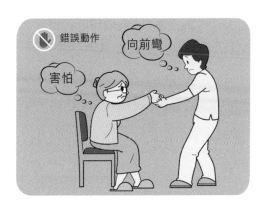

🚫 錯誤動作　向前彎

害怕

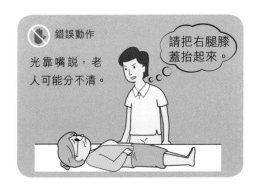

🚫 錯誤動作

光靠嘴說，老人可能分不清。

請把右腿膝蓋抬起來。

請抬起我手拍的這條腿的膝蓋。

增加引導、指示的動作。

溫柔地對待老人的身體

提示老人後再用溫柔的動作引導。與老人肢體接觸時,盡量不要讓老人感到疼痛。

不要直接從上方抓握

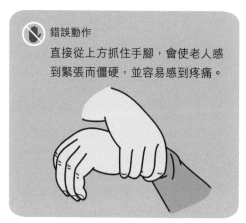

錯誤動作

直接從上方抓住手腳,會使老人感到緊張而僵硬,並容易感到疼痛。

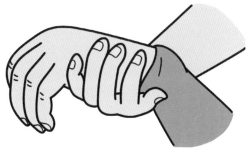

攤開手掌,張開五指,由下往上加以支撐。

用兩手支撐

抬起老人手時,雙手同時扶着手腕和手肘。抬起老人腿時,同時扶着腳踝和膝蓋。

錯誤動作

照料者用單手抬起老人手腳,施加的力量集中在一點容易弄痛老人。

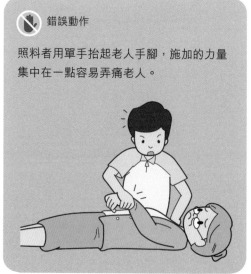

【6】把握技巧，提供對雙方身體都無負擔和壓力的照料

姿勢要
平穩

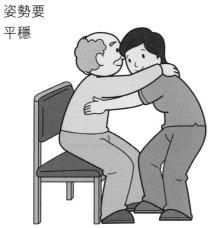

照料者與老人體格差異較大時，如果姿勢不當，會給照料者很多負擔，因此要採取平穩的姿勢。

不用蠻力，
行動從容

不講究照護技巧地使用蠻力，不僅會傷了老人，也會傷了自己。在移動老人時，不要心急，要一點一點地慢慢使勁。

借用工具和
設備

在照料時可以借助工具和設備，如移位腰帶、握把、安全扶手等可以減少力氣耗用。

勇於向他人
求助

學會向他人求助，如乘坐輪椅外出，難免要上下樓梯，這時要主動向周圍的人求助，否則容易發生危險。

衣着舒適、整潔，對於老人和照料者都是心情愉悅的事。老人能夠自己穿脫衣服，減少對照料者的依賴，更值得讚美。一些實用的技巧能幫助老人和照料者解決穿脫衣服的問題。

第二章

穿：穿脱衣服

老年衣物的選擇

- 一般老人的衣物選擇：

1. 選擇衣服的原則：一是實用，二是美觀。

2. 內衣以純棉織品為佳，保溫性、透氣性、吸濕性好；外套可選用毛料、化纖製品。

3. 考慮到穿脫衣服的方便性，老年人的服裝應選擇輕、軟、保暖性好的衣物。

4. 款式寬鬆舒適，血壓偏高、偏低的老人不宜穿着緊身衣服。

- 失能、半失能老人的衣服選擇：

1. 容易穿脫便於活動，比如前開襟、衣領不束縛、大小合身的衣服。

2. 衣服避免設計過於複雜、裝飾較多，可能會發生誤踩、絆倒等危險。

3. 選擇耐洗、不容易破損的衣服。

4. 衣服要有適度的彈性和光滑度，便於老人穿脫。

┓示例：容易穿脱的衣服

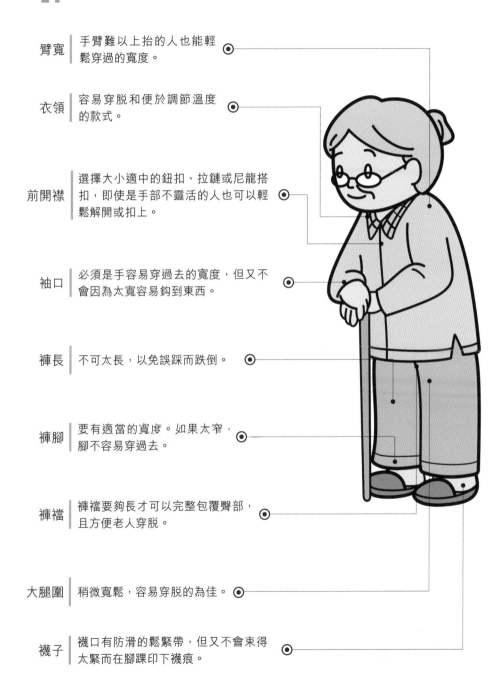

臂寬 | 手臂難以上抬的人也能輕鬆穿過的寬度。

衣領 | 容易穿脫和便於調節溫度的款式。

前開襟 | 選擇大小適中的鈕扣、拉鏈或尼龍搭扣，即使是手部不靈活的人也可以輕鬆解開或扣上。

袖口 | 必須是手容易穿過去的寬度，但又不會因為太寬容易鉤到東西。

褲長 | 不可太長，以免誤踩而跌倒。

褲腳 | 要有適當的寬度。如果太窄，腳不容易穿過去。

褲襠 | 褲襠要夠長才可以完整包覆臀部，且方便老人穿脫。

大腿圍 | 稍微寬鬆，容易穿脫的為佳。

襪子 | 襪口有防滑的鬆緊帶，但又不會束得太緊而在腳踝印下襪痕。

2 為容易穿脱做衣服改良

將衣物進行簡單的加工後，便於老人穿脱，讓老人更願意自己更換衣物。

改用尺寸較大的鈕扣

將手指不容易抓起的小鈕扣或是手指必須用力才能使用的暗扣，都換成尺寸較大的鈕扣。

改用魔術貼

容易撕開或黏合的魔術貼，可用來代替鈕扣。使用磁吸扣也不失為變通的方法。

加大領口的寬度

老人如果駝背，衣身會受到拉扯，衣領也會變緊。可以把衣領的領口打開，或是改為 V 字領。

改用拉環較大的拉鏈

拉鏈的拉環通常偏小，改用大拉環或綁上綢帶，可方便上下拉動。

第二節

自主穿脱衣物的技巧
（半癱、自主穿衣）

穿圓領衫

1 坐在椅子上，手穿過袖子

在椅子上或者床邊坐穩，圓領衫放在膝蓋上，用非癱瘓側的手拿起衣服，將衣袖穿過癱瘓側的手。

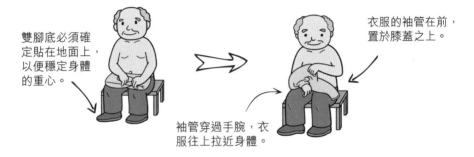

雙腳底必須確定貼在地面上，以便穩定身體的重心。

衣服的袖管在前，置於膝蓋之上。

袖管穿過手腕，衣服往上拉近身體。

2 把衣袖向上拉起，衣服罩在身上

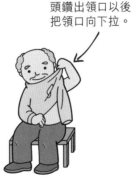

手臂盡量伸直，方便衣袖往上拉。

頭鑽出領口以後把領口向下拉。

3 另一隻手也穿過衣袖，
整理好衣服

頭鑽出領口以後，非癱瘓側的手穿過另一隻衣袖。最後拉下圓領衫的下邊，把衣服拉平整。

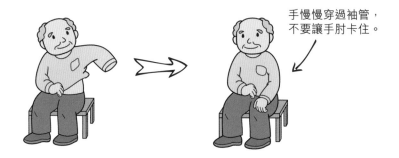

手慢慢穿過袖管，
不要讓手肘卡住。

2 脫圓領衫

1 領口往上拉

在椅子上或者床邊坐穩，用非癱瘓側的大拇指將衣領往上鉤，從胸口鉤到下巴位置。

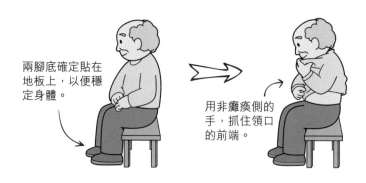

兩腳底確定貼在
地板上，以便穩
定身體。

用非癱瘓側的
手，抓住領口
的前端。

2 非癱瘓側的手先褪出袖子

收下巴，雙手拉住背部衣身，一點一點往上褪，直到頭部褪出領口。一面扭動身體，一面將非癱瘓側的手褪出袖管。

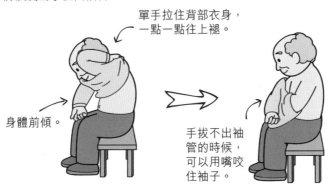

單手拉住背部衣身，一點一點往上褪。

身體前傾。

手拔不出袖管的時候，可以用嘴咬住袖子。

3 將癱瘓側的手褪出袖子

用非癱瘓側的手抓住袖子，癱瘓側的手慢慢抽出袖管。

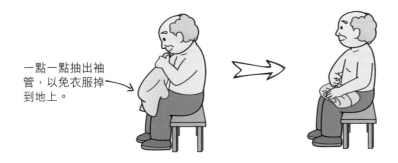

一點一點抽出袖管，以免衣服掉到地上。

溫馨提示

盡量讓老人自己動手穿衣，必要時才協助。

　　儘管老人自己穿衣可能會花更長時間，但是值得鼓勵。如果考慮到時間太久會導致感冒，照料者要先和老人溝通，再給予協助。

穿襯衣

1 坐在椅子上或者床邊，用非癱瘓側的手幫助癱瘓側的手穿袖子

首先用非癱瘓側的手幫癱瘓側的手穿過袖管，然後將襯衣拉到肩膀上。

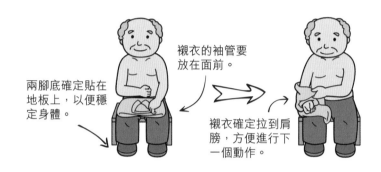

兩腳底確定貼在地板上，以便穩定身體。

襯衣的袖管要放在面前。

襯衣確定拉到肩膀，方便進行下一個動作。

2 肩披襯衣，非癱瘓側的手穿過袖子

用非癱瘓的手從脖子後面抓住襯衣披在肩膀上，非癱瘓側的手再從前襟開口穿入袖子。

袖口朝下，手慢慢穿過袖管。手臂向上伸或往前伸都可以。

抓住襯衣的衣領，拉到癱瘓側的肩膀上。

3 由上而下扣鈕扣

用非癱瘓側的手，由上而下依次扣好前襟的鈕扣。

從上到下，依
次扣好前襟的
鈕扣。

確認是否都
扣上，有沒
有扣錯的？

温馨提示

不要套上捲成團的衣服。

穿運動服或毛衣前，不僅要先確認衣服前後沒有顛倒，還要把衣服拉平整，不要歪七扭八的穿上身。以袖管為例，套上歪歪扭扭的袖管不僅外人看着難受，而且也會束縛手臂，難以活動。

穿長褲

1 坐在椅子上，癱瘓側的腳先穿過褲管

　　在椅子上坐定以後，用非癱瘓側的手抬起癱瘓側的腿，讓癱瘓側的腳先套進褲管，然後將褲管慢慢拉到膝蓋上。

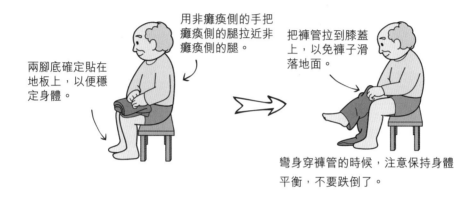

兩腳底確定貼在地板上，以便穩定身體。

用非癱瘓側的手把癱瘓側的腿拉近非癱瘓側的腿。

把褲管拉到膝蓋上，以免褲子滑落地面。

彎身穿褲管的時候，注意保持身體平衡，不要跌倒了。

2 非癱瘓側的腳穿過褲管

　　非癱瘓側的腳慢慢穿過褲管後，身體向前彎，讓臀部稍微抬起，一點點地把褲子提上來。

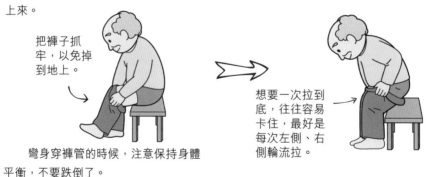

把褲子抓牢，以免掉到地上。

彎身穿褲管的時候，注意保持身體平衡，不要跌倒了。

想要一次拉到底，往往容易卡住，最好是每次左側、右側輪流拉。

拉好拉鏈，繫好腰帶

拉鏈的拉環如果太小，可以在上面加個繩子，方便手指拉動。單手繫腰帶有困難時，照顧者從旁邊協助。

褲頭確定拉到腰部以後，再把拉鏈拉好。

鬆緊帶的褲頭穿脫比較容易。

脫長褲

1 坐在椅子上，把褲子褪下來

首先坐在椅子上，解開腰帶，拉下褲拉鏈。然後一面輪流抬高左右側屁股，一面用非癱瘓側的手一點一點褪下褲子。

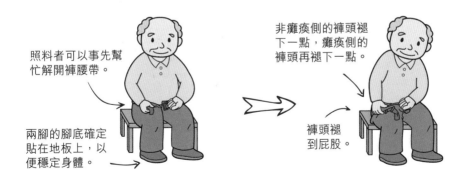

照料者可以事先幫忙解開褲腰帶。

兩腳的腳底確定貼在地板上，以便穩定身體。

非癱瘓側的褲頭褪下一點，癱瘓側的褲頭再褪下一點。

褲頭褪到屁股。

非癱瘓側的腳先鑽出褲管

褲子褪到非癱瘓側的膝蓋下，抬腳鑽出褲管。注意重心平衡，不要跌倒。

非癱瘓側的腳先
鑽出褲腿。

先脫掉褲管的腳要
確定踩在地上，穩
定身體重心。

3 癱瘓側的腳鑽出褲管

　　用非癱瘓側的手把癱瘓側的腿拉到另一條腿的膝蓋上跨好，再將褲管從癱瘓側的腿拉出來。為避免重心失衡，要注意慢慢把腿放下來。

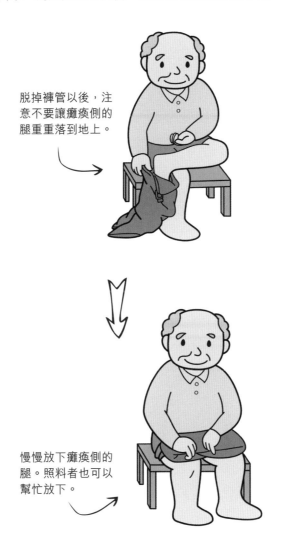

脫掉褲管以後，注意不要讓癱瘓側的腿重重落到地上。

慢慢放下癱瘓側的腿。照料者也可以幫忙放下。

民以食為天，進食對於年長的人而言，不僅僅是補充營養，維持生命的基本生活能力，更是生活中的一件大事。如何吃得有營養，吃得開心，有很多學問，值得認真了解。

第三章

食：營養膳食、飲食

第一節
營養膳食須知

飲食的重要性

飲食是人體的基本需求，是人體攝取營養要素的根本途徑。人體為了維持生命和健康、保證正常的生長發育和活動，每天必須通過飲食攝取足夠的營養物質。機體患病時，通過合理調配飲食和適宜的供給途徑來適應病理情況下對營養的需求，達到治療或輔助治療的目的，促進機體早日康復。

1 不要只是吃，還要吃得開心

吃飯不只是為了補給身體所需的營養，吃得美味，吃得心滿意足，身體就會感到活力大增，心情自然也會好起來。

- 與家人同桌用餐

    與家人同桌，邊吃飯邊聊天，用餐樂趣倍增。

- 吃時令食材

    時令的食材不僅美味，而且營養豐富，也可以成為餐桌上討論的話題。

- 細嚼慢嚥

    適當降低吃飯的速度，增加咀嚼的時間，不僅有益健康，更能品味出食物的美味。

- 營造良好的進餐環境

    進餐前半小時開窗通風，收拾好餐桌、椅，調整好老人舒適的用餐姿勢，營造舒適、整潔、獨立的進餐環境。播放舒緩的音樂，關掉電視有助於更好地享受美食。

不到萬不得已，不要輕易放棄讓老人自主進食的可能，從嘴巴吃進食物，意味着生活可以自主，意義重大。

2 增強老人食慾的辦法

- 食慾不振的原因

01 咀嚼功能下降

老年人牙齒不像青壯年時那樣堅固，容易發生鬆動和缺失，由此影響咀嚼功能，造成食慾大不如前。

02 情緒不穩定

身體機能衰退與環境變化都可能讓老人萌生孤獨、失落、疏離等負面情緒，從而鬱鬱寡歡，缺乏食慾。

03 運動量不足

老人的運動量通常很有限，和年輕時候相比，整體的能量消耗不多。

04 味覺、嗅覺退化

上年紀以後，味覺、嗅覺和視覺等感官都不再敏感，也因此難以感受到食物的色香味。

05 消化功能下降

老年人胃腸吸收功能下降，蠕動減慢，消化液分泌不足，都可以影響其消化吸收功能，引起食慾不振，食不知味。

06 疾病影響

老年人長時間食慾不振伴有體重下降，多由疾病引起，如慢性胃炎、活動性結核、活動性肝炎、肝硬化、腎功能不全、惡性腫瘤等。

● 促進食慾的小妙招

在老人體力可以負擔的範圍內，增加日常活動的機會，比較容易肚子餓。　**多運動**

吃愛吃的東西　在營養均衡的前提下，加入老人愛吃的食物。

食慾不佳時不必勉強進餐，可以在上午、下午選擇酸奶、水果、營養粉等高營養的食物加餐。　**少量多餐**

到外面餐館吃　偶爾上餐館換換口味，不失為刺激食慾的方法。

偶爾叫外賣可以減輕照料者做飯的負擔，但是一定注意選擇低油、低鹽的健康食品。　**叫外賣**

安排親友聚餐　和家人一起用餐很重要，時不時地安排好友或者親人聚餐。

⧉ 預防老人營養不足

老人因為身體已經進入了退化期，因此多數的老人都存在着這樣那樣的疾病困擾，營養不良也是一種致病的因素。導致老人營養不足的原因有很多，例如有的怕患心腦血管疾病、糖尿病而過分、不科學的節食，有的老人長期吃飯湊合，不講究營養均衡搭配，還有不能自理的老人由於照顧不周，缺乏食物造成營養不良症狀。

老人容易缺乏的營養素：蛋白質、維生素、礦物質、膳食纖維。

● 營養不足的危險

老人營養不足，身體的所有機能會加快衰退，如果不改善，嚴重的甚至會導致臥床不起。

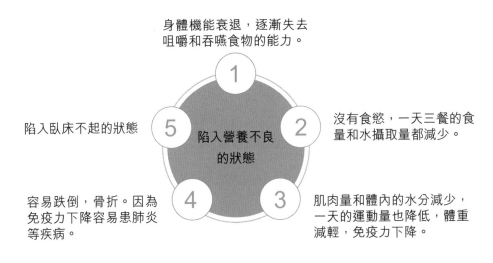

- 預防營養不足的飲食生活

　　一天吃足三頓一樣的食物會造成營養不良。預防營養不良需要檢查一日三餐的菜單，補充容易缺少的營養。

> 應特別重視雞蛋、牛奶、豆製品等優質蛋白的攝入，雜糧、蔬菜、水果等富含微量元素食物的攝入，同時適當攝入水產品和肉類。

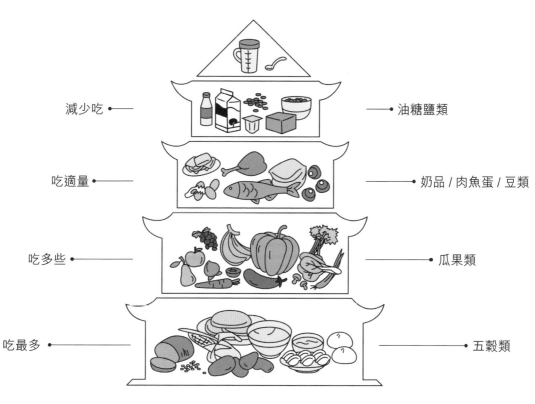

減少吃 —— 油糖鹽類

吃適量 —— 奶品 / 肉魚蛋 / 豆類

吃多些 —— 瓜果類

吃最多 —— 五穀類

健康飲食金字塔

第二節
用餐前的準備

　　由於衰老或疾病等原因，很多老人會有咀嚼和吞嚥的困難，嚴重的會影響進食及營養狀況。在老人進餐前，可以做一些方便老人咀嚼和吞嚥的準備。

1 為方便吞嚥做準備

- 檢查吞食能力

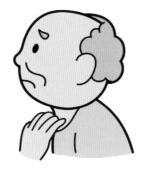

照料者把手指頭輕貼在對方的喉嚨上。

請老人吞一口口水。

如果對方咕嚕吞下口水的時候，喉結向上滑動，就表示有吞食能力。

- 吞食困難的原因和對策

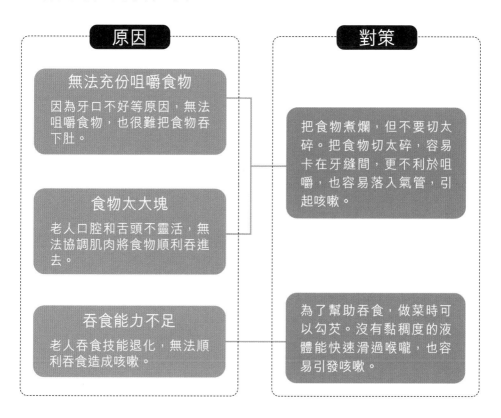

原因

無法充份咀嚼食物

因為牙口不好等原因，無法咀嚼食物，也很難把食物吞下肚。

食物太大塊

老人口腔和舌頭不靈活，無法協調肌肉將食物順利吞進去。

吞食能力不足

老人吞食技能退化，無法順利吞食造成咳嗽。

對策

把食物煮爛，但不要切太碎。把食物切太碎，容易卡在牙縫間，更不利於咀嚼，也容易落入氣管，引起咳嗽。

為了幫助吞食，做菜時可以勾芡。沒有黏稠度的液體能快速滑過喉嚨，也容易引發咳嗽。

2 為容易嚼食做準備

• 研究烹調方法

老人因為咀嚼和吞食能力退化，對食物往往失去興趣。因此，做菜的人要多用點心，要了解老人飲食特點，然後適度調節食物的份量、大小、軟硬度、黏性等，讓老人能樂於享受。

	主食	主菜	配菜
容易咀嚼	【米飯】 ● 米飯煮軟一點。 ● 煮成粥（全粥：米 1：水 5，五分粥：米 1/2：水 5）。 【麵條、麵包等】 ● 將麵條剪短，不吃太硬太長的麵條。 ● 麵包蘸牛奶等浸軟以後再吃。	【肉】 ● 選擇帶適度油花的部份（豬裏脊、雞腿等） ● 去筋，讓肉質更柔軟。 【魚】 ● 選擇加熱也不會變硬的魚（鱈魚、比目魚）。	【蔬菜】 ● 直接切斷纖維。 ● 厚度以 0.5-0.8 厘米為佳。 ● 劃刀痕或刨絲。 ● 煮軟。
容易吞嚥	【米飯】 ● 用食物處理機或是食物攪拌棒處理成粥一樣的糊狀。	【肉】 ● 煮到用筷子也能撥散的柔軟度。 【魚】 ● 肉質柔軟的魚稍微煮過以後，在篩網上用湯勺趁熱壓碎並過篩。	【蔬菜】 ● 煮軟。 ● 燴炒勾芡增加滑口性。 ● 把湯汁煮到濃稠。

⟨3⟩輔助餐具

- 善用輔助餐具

　　有些老人因為肌力不足或者癱瘓，手部不靈活，無法將食物送到嘴裏。這時候，我們可以借用一些特殊的餐具，讓老人自己吃飯。還可以根據老人使用需求，選擇功能、尺寸、重量等適合的餐具。

進食輔助筷

彈簧設計讓筷子自動歸位，不能勝任細部動作的人一樣可以輕鬆使用。

勺型碗

特殊弧形設計，可將食物引至碗底，方便舀食。

止滑吸盤

矽膠製的防滑吸盤可以防止碗盤傾倒。

胖胖握柄叉湯匙

握柄包覆特殊發泡樹脂，握力不足的人也可以握得牢。

帶柄輔助餐碗

附有大型把手，好拿不滑落。

附吸管易飲杯

可以防止飲料溢出。

多用途湯匙夾

頂部的彈簧讓撥取、
夾取、切斷、挑取
等動作變得更容易。

斜口杯

去掉了喝水時可能碰
到的部份杯沿，如此
一來，不必大幅仰頭
就可以喝到水。

防滑餐墊

可將餐具固定在餐
盤上，單手也可以
進食。

掌持式勺叉

適用於手屈曲痙攣、
手指變形、握力喪
失者使用。

易握水杯

對於手握力不足而
不能正常持杯者，
可使用容易抓握的
雙把杯或托杯。

餐用自助具

適用於手屈曲痙攣、
手指變形、握力喪
失者使用，防止食
物灑落。

第三節

用餐時的照料

1 坐在老人身邊提供協助

老人半癱或者患有認知障礙而無法自己用餐時，照料者應提供協助。坐在對方身邊，和他一起用餐，方便了解他的吃飯速度和順序，在旁邊提供適當的協助。

坐在老人身邊，與他們同樣的角度看着餐桌上的飯菜。

兩個人一起吃同樣的飯菜，可以掌握他們吃飯的順序和速度。

站着餵食

　　當照料者站着餵食，食物送進口中的位置偏高，老人無法維持身體前傾的姿勢，造成吞嚥困難。

面對面餵食

　　面對面餵食看似合理，但是容易給人壓迫感，有些老人會因此失去胃口。

2 食物由下往上送入口中

> 飲食的基本姿勢，是身體微微向前傾。食物如果從上方送進嘴裏，身體必須上仰。餵食老人的時候，食物務必要從低於嘴巴的位置送進嘴。

通常的飲食照料

先問老人想吃甚麼，取湯勺的一半量。

湯勺從嘴巴的下方往上送入老人口中，將食物放在舌頭中央。

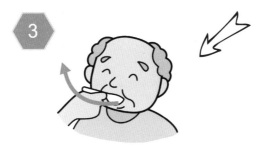

食物放進口中之後，請他把嘴巴閉起來，湯勺沿着上唇從嘴巴斜上方抽出來。

59

臥床的飲食照料

在床上餵食

　　癱瘓側在上，頭部和背部用捲起來的
毛巾或靠墊等墊高頭部，有助於吞嚥。

向上仰躺餵食

　　除了用搖桿床抬高上半身以外，還要在
頭部上方墊枕頭或靠墊，不讓下巴往上仰起。

翻轉、起身，是我們在嬰兒時期就學會的基本動作，隨着年齡的增長，這些最基本的動作可能會因為一些疾病而逐漸喪失。協助長期臥床的老人翻身、起身需要花費較大的力氣，掌握一些有用的技巧可以大大減少照料者的體力消耗。

第四章

臥：翻身、床椅轉移

第一節

翻身的要點和技巧

　　為了避免褥瘡的發生，在照護長期臥床的老人時，照料者需要經常替他們翻身，改變姿勢。要注意姿勢的擺位，以免因不當受壓或姿勢不良導致褥瘡等後遺症。對於身體機能基本健全的老人，盡可能鼓勵老人自己翻身。

1 基本要領

　　翻身這一個簡單的動作，記住「兩起兩抬」這一口訣就可以輕鬆完成，「兩起」分別是雙膝立起、雙臂舉起；「兩抬」分別是抬起頭、抬起肩。

翻身輔助軟墊

翻身輔助軟墊

R 型翻身墊

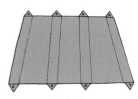

翻身床單

- R 型翻身墊可以在老人翻身的時候起支撐輔助作用，老人感覺舒適，也能
- 預防褥瘡的產生。

　　翻身床單，可以克服現有技術中的傳統的給老人翻身的方法因照料人員力量不夠或用力不均勻導致的老人皮膚損傷、長期臥床的老人其排洩物容易將床單弄髒的缺點，減少了病人的不適、減輕了照料人員的體力消耗，還能保持床單的清潔。

遠離支點，
可以節省力氣

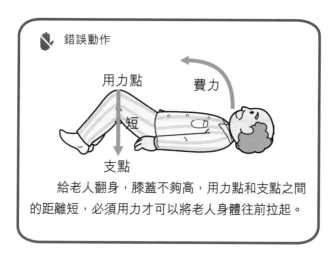

給老人翻身，膝蓋不夠高，用力點和支點之間的距離短，必須用力才可以將老人身體往前拉起。

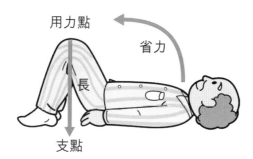

膝蓋抬高，拉長了支點和用力點的距離，
將老人身體往前拉起，可以節省很多力氣。

預防褥瘡，請參照「第八章　緊急狀況的處置　第六節褥瘡的處置」一節。

雙膝立起

照料者應該站在要翻身過來的一側，出聲提示。

兩膝蓋互相貼緊，兩腳跟盡量貼近臀部。

兩條手臂伸直，貼在身體兩側。

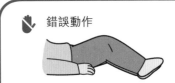

✋ 錯誤動作

膝蓋高高立起的目的，是要將力矩變小，並減少身體與床的接觸面積，變得容易翻身，如果像上面這樣，膝蓋立得不夠高，翻身就會有困難。

 雙臂向上高舉

　膝蓋立起來以後，兩手臂高高舉起，雙手十指交叉，可以提高重心，讓身體更容易側轉。

請把兩手臂舉向上，高高地舉起來。

雙手先在胸前交握後，再抬起來也可以。

3 抬起頭和肩膀

抬起頭和肩膀，把背拱起來，這樣身體與床的接觸面積又更小了。

把頭抬起，努力看，看自己的肚臍在哪兒。

想要看自己的肚臍，頭和肩膀自然就抬起來了。

4 手臂倒過來

雙手臂往要翻身的方向緩緩倒過來，下半身自然會跟着側轉過來。

現在可以把手臂往我這邊倒過來吧。

雙臂倒過來以後，上半身和下半身就同向扭轉。

完成基本動作之後，可以輕鬆協助翻身

老人在完成「兩起兩抬」的動作之後，這個時候重心提得非常高，老人的身體就會反轉過去。

2 半癱的翻身（向癱瘓側）

減少身體和床面的摩擦

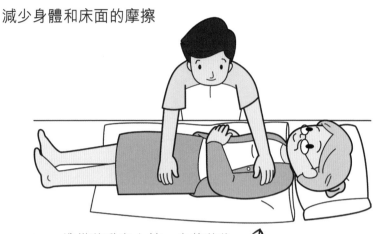

準備移動老人前，先將移位
滑墊墊在老人身體下面。

請老人將膝蓋豎起，縮小
身體與床面接觸的面積。

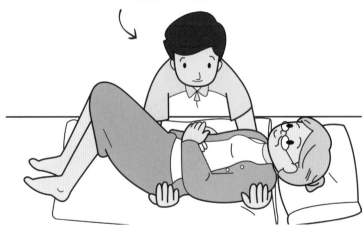

雙手放在肚子上

要向癱瘓側翻身的時候，照料者應該站在癱瘓側。翻身前，先確認老人的身體躺得是否筆直。

照料者站在癱瘓側，翻身前先確認老人身體是否筆直。

要翻身了，我們把兩手放肚子上吧。

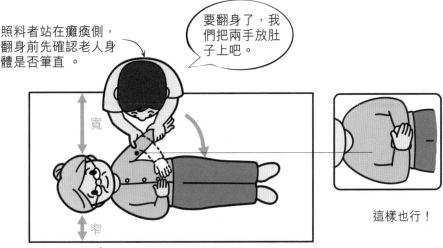

寬

窄

這樣也行！

要轉過來的那一邊預留寬敞的空間，有助於翻身的進行。

✋ 錯誤動作

以身體的中心線為準，脖子歪斜或是左右肩不平行，都會妨礙翻身的動作。

中心線

長期臥床的老人，床上、枕邊往往放了不少雜物，這些東西不僅會妨礙翻身，還可能會滑落到老人身體的下方，讓他們身體很不舒服。所以翻身前要整理好床上的雜物。

2 由非癱瘓側向癱瘓側的順序立起膝蓋

　　照料者可以提示老人，讓老人自己把非癱瘓側的膝蓋立起來。之後，照料者的一隻手伸進癱瘓側的膝蓋下方，另一隻手扶住這隻腳的腳底。一隻手從膝蓋下方把膝蓋輕輕抬起來，另一隻手扶着腳底，把腳輕輕往臀部推近，這樣一來，癱瘓側的膝蓋也立了起來。

> 請先把右邊的膝蓋立起來。

把膝蓋立起來以後，照料者就容易翻動老人身體。

> 左邊的膝蓋也試着立起來一下吧。

萬一癱瘓側的膝蓋無法彎曲，不必勉強。只彎曲一邊的膝蓋也行。

可以輕輕扶着腳底，不要用力抓握。

3 把膝蓋和肩膀往 癱瘓側扳過來

照料者站在老人的腰邊，手扶在對方的膝蓋上，慢慢往自己這邊扳過來。

我現在要扳你的膝蓋，把身體轉向我這邊吧。

如果上半身無法轉動，照料者要把另一隻手扶在老人肩膀上。

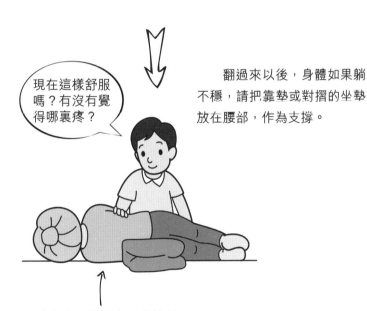

現在這樣舒服嗎？有沒有覺得哪裏疼？

翻過來以後，身體如果躺不穩，請把靠墊或對摺的坐墊放在腰部，作為支撐。

要確定老人維持舒服的姿勢。

【3】半癱的翻身（向非癱瘓側）

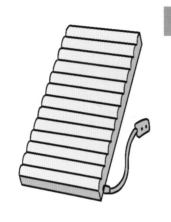

▌防褥瘡氣墊床

　　所謂褥瘡是身體某部份長期受壓迫，導致身體血液循環不良、組織壞死。如果持續惡化症狀很可能擴散到全身。預防褥瘡就是要避免長時間壓迫身體的同一部位，因此每兩小時左右必須翻身一次。市面上有不少可以預防褥瘡的氣墊床，可以分散身體壓迫部位的壓力，降低患褥瘡的風險。如果家中有長期臥床的老人，最好購置一個。

 雙手放在肚子上

　　比照向癱瘓側翻身的要領一樣，將老人癱瘓側的手放在肚子上，非癱瘓側的手也一同平放肚子上。

翻身時，手不要滑下來，所以雙手要確定放在肚子上。

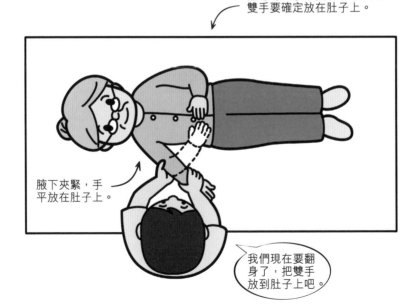

腋下夾緊，手平放在肚子上。

我們現在要翻身了，把雙手放到肚子上吧。

2 由癱瘓側向非癱瘓側
的順序立起膝蓋

　　照料者要先幫忙把癱瘓側的膝蓋豎起來，手伸進老人癱瘓側的膝蓋下，另一隻手扶住這隻腳的腳底，把膝蓋慢慢抬高。非癱瘓側的膝蓋則盡量讓老人自己立起來。

我現在要把你的膝蓋立起來了。

手伸進老人癱瘓側的膝蓋下方，
另一隻手扶住這雙腳的腳底。

這邊的膝蓋也要立起來，你自己試試看行嗎？

出聲，讓老人自己把非癱瘓側的膝蓋
立起來。

3 把膝蓋和肩膀往非癱瘓側
扳過來，完成翻身動作

照料者站在老人的腰旁，出聲提示以後，手扶在癱瘓側的膝蓋上，慢慢
往自己這邊扳過來。

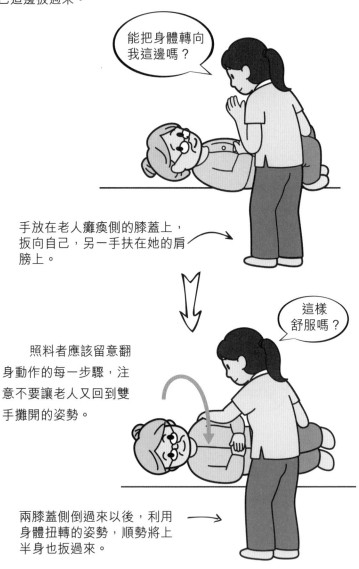

能把身體轉向
我這邊嗎？

手放在老人癱瘓側的膝蓋上，
扳向自己，另一手扶在她的肩
膀上。

這樣
舒服嗎？

照料者應該留意翻
身動作的每一步驟，注
意不要讓老人又回到雙
手攤開的姿勢。

兩膝蓋側倒過來以後，利用
身體扭轉的姿勢，順勢將上
半身也扳過來。

4 下半身癱瘓的翻身

1 雙腿交叉

　　即使是下半身癱瘓的人，只要有效利用自己上半身的力量，一樣可以在照料者的協助下盡快自己完成翻身動作。

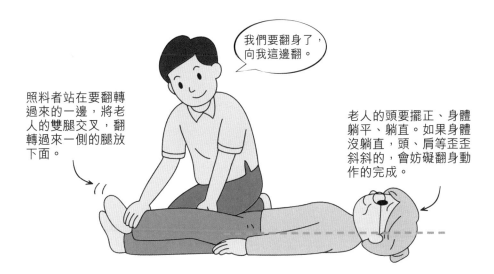

我們要翻身了，向我這邊翻。

照料者站在要翻轉過來的一邊，將老人的雙腿交叉，翻轉過來一側的腿放下面。

老人的頭要擺正、身體躺平、躺直。如果身體沒躺直，頭、肩等歪歪斜斜的，會妨礙翻身動作的完成。

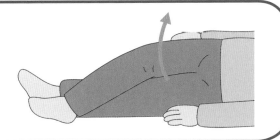

 錯誤動作

　　右腳搭在左腳上，往右邊翻身會妨礙翻身的動作。

下半身癱瘓的人無法自己把腳交叉重疊，需要照料者幫老人完成這個動作。注意不要把兩條腿的上下位置放反了。

2　高舉雙臂

　　雙手十指交叉緊扣一起，雙臂向上拉直，朝翻身的相反方向稍微偏斜。然後請老人抬起頭和肩膀，雙臂向翻身的方向倒下。

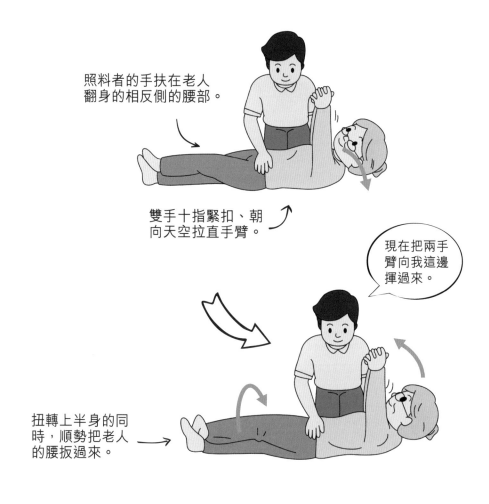

照料者的手扶在老人翻身的相反側的腰部。

雙手十指緊扣、朝向天空拉直手臂。

現在把兩手臂向我這邊揮過來。

扭轉上半身的同時，順勢把老人的腰扳過來。

③ 完成翻身動作

腰部翻過來後，就算完成翻身動作了。照料者這時可以輕輕收回自己的手。

要確定老人翻身後
的姿勢是否穩定。

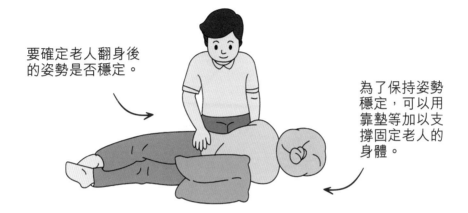

為了保持姿勢
穩定，可以用
靠墊等加以支
撐固定老人的
身體。

⚡ 四肢癱瘓的翻身

甚麼是四肢癱瘓

老人雙手雙腳失去知覺，全身無法
自主活動，就是四肢癱瘓。四肢癱瘓
者的基本生活幾乎都需要人協助照料，
不過他們的頭部和肩膀也和半癱的人
一樣，還可以自己活動。在照料四肢
癱瘓的老人時，應該盡力把他還能夠
自己活動的部份用起來，一方面可以
延緩功能的退化，同時也可以適當地
減輕照料者的負擔。

癱瘓的部位

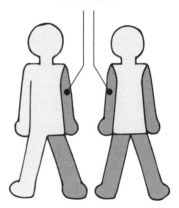

半身癱瘓　　四肢癱瘓

1 雙腳交疊

首先將對方的雙腳上下交疊，儘管手腳癱瘓，但是頸背部等仍有知覺，切不可用力過猛。

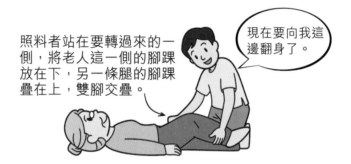

注意不要把兩條腿的上下位置疊反了，否則會妨礙翻身。

2 雙手放在肚子上

出聲提示後，把老人的雙手放在肚子上。

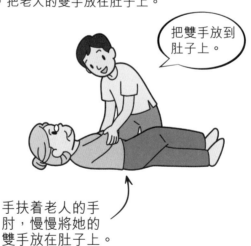

**請對方把頭抬高，
再將身體向前扳**

出聲請老人把自己的頭和肩膀盡量抬高，照料者的手扶在老人的肩膀和腰際。

扶在肩膀和腰
際之間，比較
容易扳動身體。

請盡量把你
的頭和肩膀
抬高。

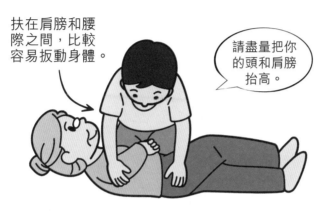

 **上半身坐起，
完成翻身動作**

完成翻身動作以後，照料者可以輕輕收回自己的手。如果覺得老人的身體不夠穩定，可以在腰部加靠墊等支撐固定。

將老人的左右手放在
舒適的位置，直到確
定對方的姿勢穩定不
動搖。

腰痛老人的翻身

1 單手放在肚子上

因為患有腰痛或者類風濕性關節炎、身體一扭轉就疼痛的老人，應協助他們不扭轉身體就能翻身。

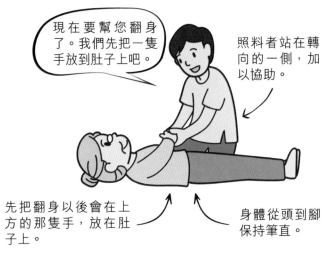

現在要幫您翻身了。我們先把一隻手放到肚子上吧。

照料者站在轉向的一側，加以協助。

先把翻身以後會在上方的那隻手，放在肚子上。

身體從頭到腳保持筆直。

2 膝蓋立起來

照料者一手撐在老人膝蓋下方，另一手扶着腳踝，把兩條腿的膝蓋立起來。

現在我幫你把兩條腿的膝蓋立起來吧。

照料者手撐住老人膝蓋下方往上抬，將膝蓋立起來。

③ 手肘貼在大腿側邊

照料者將手肘貼在老人的大腿側面，盡量和老人的下半身保持大面積接觸。

注意不扭轉老人的腰部，照料者自手肘以下的前手臂貼着老人的大腿。

④ 扳動肩膀和大腿

一隻手的前手臂抓着老人的大腿側，另一隻手扶着她的肩膀，兩手同時往協助者一側扳。

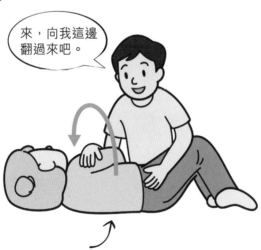

注意要同時扳動肩膀和大腿，否則扭轉老人的腰會造成疼痛。

從臥床轉移到輪椅上的照料

當老人可以床椅之間移動後，生活空間就能因此擴展開來，日常生活也就會變得更有活力。

適用於可以自行彎腰的老人

1 　將輪椅推到床邊

將輪椅放在老人健康側，靠近床邊，與床邊成 30-45 度角，方便轉移乘坐。讓老人稍微坐出床沿，手扶安全護欄或床邊坐穩了。

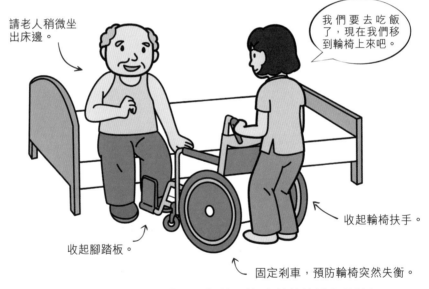

請老人稍微坐出床邊。

我們要去吃飯了，現在我們移到輪椅上來吧。

收起輪椅扶手。

收起腳踏板。

固定剎車，預防輪椅突然失衡。

關於輪椅的基本知識參見「第五章 第二節 坐輪椅的基本照料」

1. 輪椅如果和床成 90 度角，即使已經固定剎車，萬一老人移動坐下的時候用力太猛，輪椅也可能會滑動而造成危險。

2. 務必保證輪椅的剎車已經固定。如果不固定剎車，老人移動坐上來時輪椅可能會發生滑動而失去平衡，造成老人跌倒或受傷。

② 彎腰向前，讓腰部自然拱起

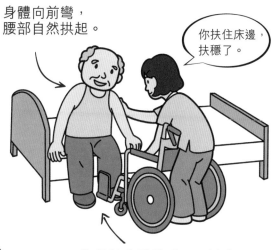

身體向前彎，腰部自然拱起。

你扶住床邊，扶穩了。

為保持身體的重心，請老人一手扶着輪椅的椅面或床沿。

現在請彎腰向前，把屁股抬起來，我抓住你的褲頭，別擔心。

抓住老人的褲頭，輕輕向輪椅拉提，不必勉強用力。

3 腰部往橫向移動位置

　　腰部自然拱起後，身體慢慢向輪椅靠近，當身體轉到與輪椅同方向時，臀部移坐到椅面上。

現在雙腿請稍微用一點力，站起來。

老人移轉位時，拉着他的褲子。

把屁股抬起來，坐穩了。

2 適用於難以站立的老人

方便移動轉位使用的照顧輔具

　　從床鋪位移到輪椅的過程，老人身體會呈現不穩定的姿勢，甚至伴隨跌倒的風險。利用移動腰帶等輔具，能夠協助移轉位過程更安全。

移動腰帶

環繞腰部，作為照料者施力的腰帶。

1 將輪椅推到床邊

　　將輪椅推到床邊，與床沿邊形成 30-45 度角，檢查輪椅輪子、剎車等功能是否良好，收起腳踏板，固定輪椅剎車。告訴老人要轉移到輪椅了。

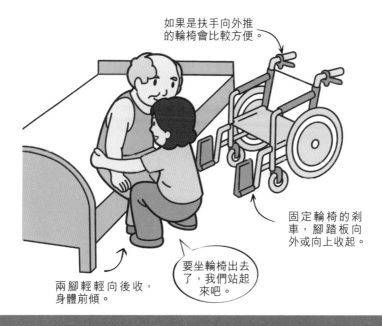

如果是扶手向外推的輪椅會比較方便。

固定輪椅的剎車，腳踏板向外或向上收起。

要坐輪椅出去了，我們站起來吧。

兩腳輕輕向後收，身體前傾。

溫馨提示

　　移動時，如果只是大幅度扭轉上半身，會重心不穩定導致危險，而且力量會壓到照料者的腰部，容易造成腰傷。

2 雙手環抱腰部幫老人家站起來

老人抱着照料者的脖子,照料者則環抱他的腰。照料者稍微向後仰,把老人慢慢抱起來。

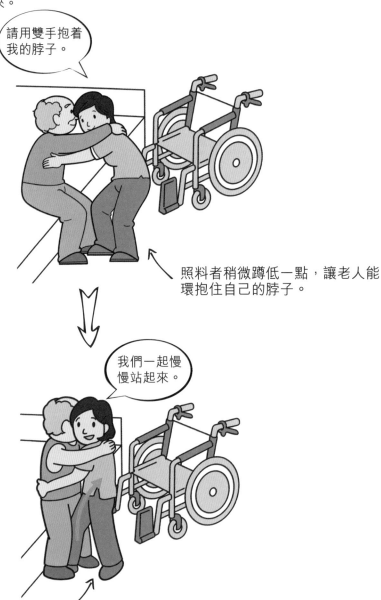

請用雙手抱着我的脖子。

照料者稍微蹲低一點,讓老人能環抱住自己的脖子。

我們一起慢慢站起來。

不要直直地站起來,而是稍微將老人拉向前,一面慢慢站起身。

3 以腳為軸心迴轉身體，臀部在椅面上坐下

老人身體順勢向前彎，保持平穩，以跨出的一隻腳為軸心，慢慢轉向輪椅方向，這時照料者不要扭轉老人的腰部，應該配合老人的轉身，讓老人的臀部朝着椅面的方向，一點一點轉身，直到可以完全落座。

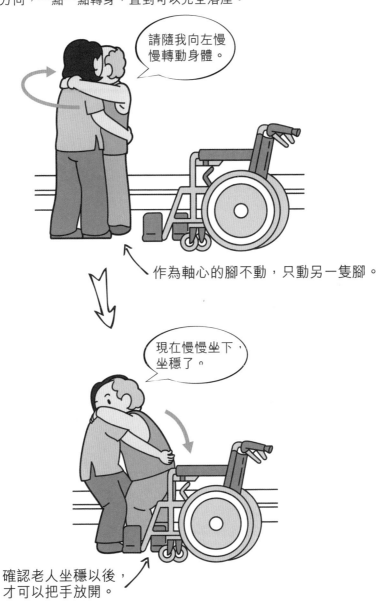

請隨我向左慢慢轉動身體。

作為軸心的腳不動，只動另一隻腳。

現在慢慢坐下，坐穩了。

確認老人坐穩以後，才可以把手放開。

隨着身體的衰老，對於普通人而言最基本的坐、站、行走等這些簡單的動作，老人可能都需要花比較多的力氣才能做到。為了防止身體功能的快速衰退，我們需要幫老人重新學習這些基本的動作，協助老人更好地生活。

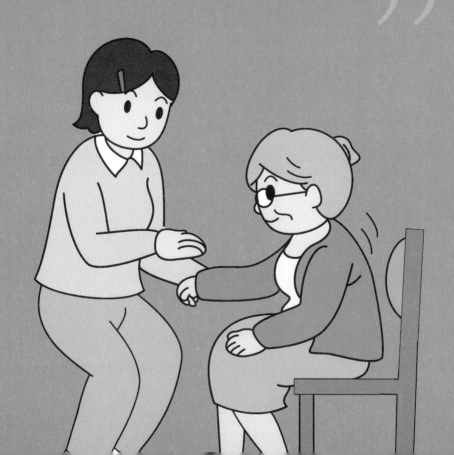

第五章

行：坐、站立、移動

第一節

坐起的要點和技巧

坐起是老人站立的前一步，也是老人減少臥床的第一步。協助老人坐起，可以增加老人的活動空間，擴展視野範圍，有助於愉悦心情，對於促進疾病康復、縮短臥床時間、延長壽命、提高生活質量都非常有意義。

從床上坐起身（照料者協助）

1 兩膝蓋立起來

先提示讓老人知道要起身了，然後幫他把兩條腿立起來。

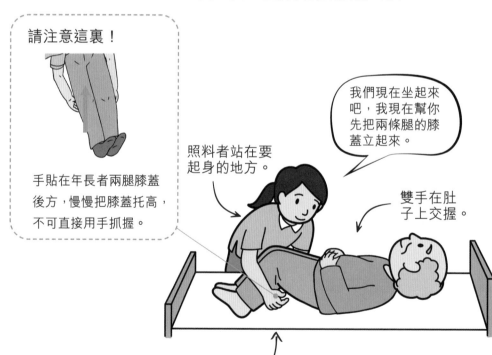

請注意這裏！

手貼在年長者兩腿膝蓋後方，慢慢把膝蓋托高，不可直接用手抓握。

照料者站在要起身的地方。

我們現在坐起來吧，我現在幫你先把兩條腿的膝蓋立起來。

雙手在肚子上交握。

慢慢抬高雙腿膝蓋，讓雙腿成 90 度彎曲。

坐起身就是脫離
臥床不起的第一步

身體如果能夠坐起來，就能夠看書、看電視，也可以看着其他人的臉，與人面對面地說話交流，這些活動都有助於刺激大腦的功能。對已經臥床較長時間的老人而言，剛開始練習坐起身，可能會感到非常痛苦，但是漸漸的，如果能每天坐起來一小會兒，日積月累，可能坐起來的時間會有所增加，老年人的生活也會發生很大的改觀。

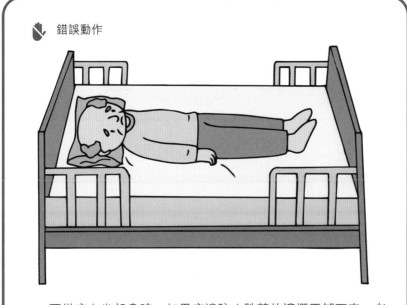

✋ 錯誤動作

要從床上坐起身時，如果床邊防止跌落的護欄不卸下來，老人家的腳就無法達到地面，所以務必記得先拿掉床邊的護欄。

將臀部移到床邊

輕抬兩腿膝蓋移到床邊，讓老人的臀部貼近照料者身邊。

抬着兩腿膝蓋移到床邊，老人的臀部也會跟着移動位置。

現在我們把屁股挪到床邊。

3 側轉身體

照料者一手環抱老人肩膀，一手環抱膝蓋下方，將老人的身體往床邊扳過來。

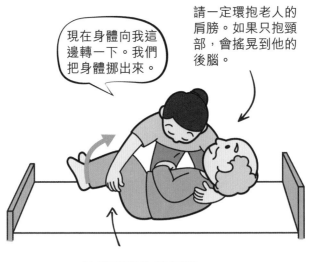

現在身體向我這邊轉一下。我們把身體挪出來。

請一定環抱老人的肩膀。如果只抱頸部，會搖晃到他的後腦。

扶着膝蓋往前扳轉。

坐起上半身，
放下下半身

以臀部為支點，讓老人慢慢坐起上半身的同時，照料者放開扶住膝蓋的手，讓老人把兩腿放到床下。

5 完成坐起身的動作

坐起來以後要讓老人的肩膀和兩腿有支撐，以保持坐姿穩定。

温馨提示

　　動作要輕緩，不要太急太猛，如果用力過猛、動作過快，可能造成老人腰痛，要預防用力過猛，最好一步一步進行操作。

第二節

坐輪椅的基本照料

1 輪椅基本介紹

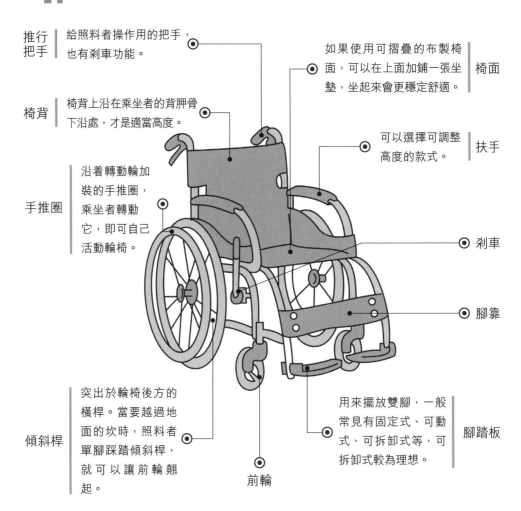

推行把手　給照料者操作用的把手，也有剎車功能。

椅背　椅背上沿在乘坐者的背胛骨下沿處，才是適當高度。

手推圈　沿着轉動輪加裝的手推圈，乘坐者轉動它，即可自己活動輪椅。

傾斜桿　突出於輪椅後方的橫桿。當要越過地面的坎時，照料者單腳踩踏傾斜桿，就可以讓前輪翹起。

椅面　如果使用可摺疊的布製椅面，可以在上面加鋪一張坐墊，坐起來會更穩定舒適。

扶手　可以選擇可調整高度的款式。

剎車

腳靠

腳踏板　用來擺放雙腳，一般常見有固定式、可動式、可拆卸式等，可拆卸式較為理想。

前輪

使用輪椅前的檢查

- 輪胎：確認輪胎胎壓是否正常、輪胎是否有破損。
- 剎車：檢查剎車線的鬆緊是否合適，剎車功能是否正常。
- 前輪：看看有沒有卡着的雜物，會不會妨礙車輪靈活轉動。
- 坐墊、車架：檢查坐墊是否有破損或污染，車架是否有銹損。
- 腳踏板：檢查固定螺栓等是否有鬆動脫落，腳踏板的支撐作用是否受影響。

輪椅選擇小提示：

適當輪椅尺寸能提供好的舒適度，以下為輪椅尺寸的基本測量原則，建議參照專業人員評估再決定。

- 座寬：臀部最寬處加 5 厘米（b）
- 座深：臀部後方至膝窩減 2.5 厘米（c）
- 座高：膝窩至地面加 2.5 厘米（a）
- 背高：肩胛骨下角減 2.5 厘米（e）
- 踏板高度：離地 5 厘米（g）
- 扶手高度：座面至手肘高度加 2.5 厘米（d）

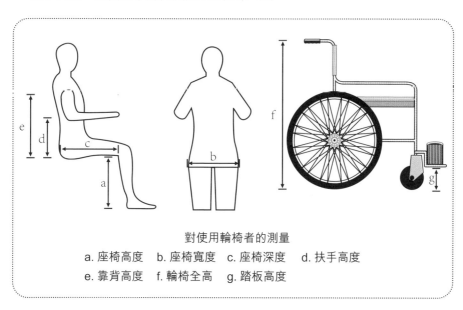

對使用輪椅者的測量

a. 座椅高度　　b. 座椅寬度　　c. 座椅深度　　d. 扶手高度
e. 靠背高度　　f. 輪椅全高　　g. 踏板高度

上坡時

照料者身體前傾保持平衡，以維持推的速度和安全。

上小台階

由照料者用腳踩壓輪椅後方橫桿，使輪椅前輪跨上階梯，再將後輪推上階梯邊緣。

下坡時

照料者身體保持後傾，或旁人可協助倒退下坡。

下小台階

照料者背向台階下方，旁人將後輪先滑下階梯後，再將前輪滑下。

2 輪椅的前進

照料者握着推行把手向前推。開始推動之前，要向老人說一聲，讓老人心理上有個準備。

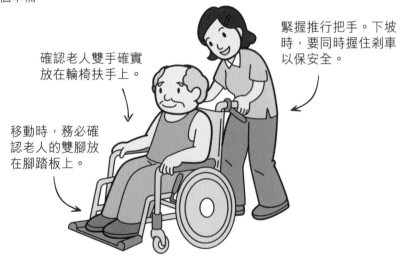

確認老人雙手確實放在輪椅扶手上。

緊握推行把手。下坡時，要同時握住剎車以保安全。

移動時，務必確認老人的雙腳放在腳踏板上。

輪椅推動後，應該避免突然加速、緊急剎車、突然轉彎等。

【3】輪椅爬坡

上坡時

看着推行方向，身體稍微前傾，踏穩每一步，緩緩爬行。

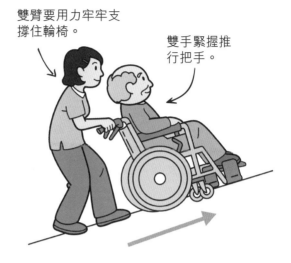

雙臂要用力牢牢支撐住輪椅。

雙手緊握推行把手。

下坡時

為了不讓老人心生恐懼，下坡的時候應該後退着走。

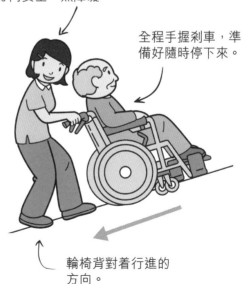

回頭向後看，確認行進方向安全、無障礙。

全程手握剎車，準備好隨時停下來。

輪椅背對着行進的方向。

輪椅如何越過不平路面

往上越過不平路面

① 翹起前輪

在不平路面前先停下來，一面將推行把手向下壓，一面用單腳踩踏傾斜桿，讓前輪翹起。

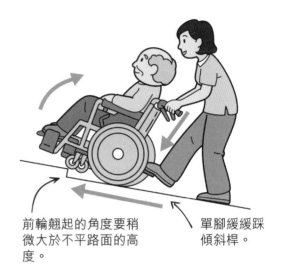

前輪翹起的角度要稍微大於不平路面的高度。

單腳緩緩踩傾斜桿。

② 抬起後輪

前輪越過不平路面以後，繼續向前推，直到後輪碰觸坎之前停止。然後將推行把手抬高再推一把，好讓後輪沿着不平路面往前轉動。

後輪越過不平路面時，稍微抬高推進把手，再往前推過坎。

讓後輪沿着不平路面向前轉動。

往下越過不平路面

1 向後倒退走

　　在不平路面之前將輪椅掉轉方向，握好推行把手，讓後輪沿着不平路面轉動而下。

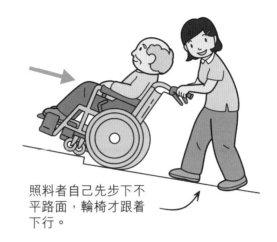

照料者自己先步下不平路面，輪椅才跟着下行。

2 翹起前輪往下走

　　後輪過不平路面以後，照料者單腳踩踏傾斜桿，讓前輪翹起，向後倒退過不平路面之後，才放下前輪。

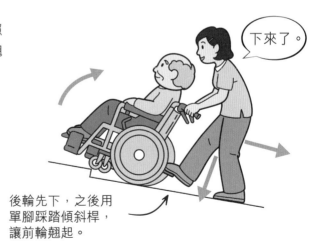

下來了。

後輪先下，之後用單腳踩踏傾斜桿，讓前輪翹起。

99

⊢ 輪椅的安全使用方法

▌上下階梯

　　輪椅走在台階上，老人會有跌倒摔落的風險，因此要避免直接推着輪椅上下台階。如果萬不得已非得經過台階，至少需要四個人幫忙一起抬着輪椅經過。

後面的人抬推行把手。

前面的人抬車架與傾斜桿。

　　坐輪椅上下階梯，上階梯時臉面向前方行進，下階梯時臉面向後方行進。必須確定剎車已鎖定之後才由前面兩個人抬車架與傾斜桿，後面兩個人抬推行把手，四個人協力把輪椅抬上或抬下階梯。

通過狹窄空間

通過狹窄門或入口、走道時，為防止撞到輪椅，應放慢速度緩緩行進。入口寬度如果有 80 厘米，一般標準輪椅都可以通過。

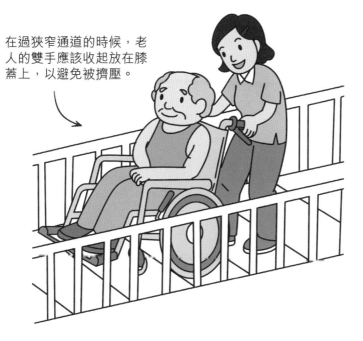

在過狹窄通道的時候，老人的雙手應該收起放在膝蓋上，以避免被擠壓。

搭乘電梯升降

無法在電梯內掉轉方向時

　　進出電梯時應翹起前輪,以免前輪被卡在地面和電梯之間。操作輪椅力求平穩,不要讓坐在上面的老人受到震盪衝擊。

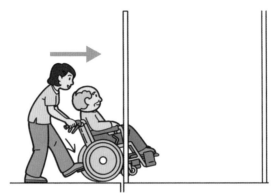

向前進電梯:
　　照料者單腳踩踏傾斜桿,讓前輪翹起,
進電梯後固定剎車。

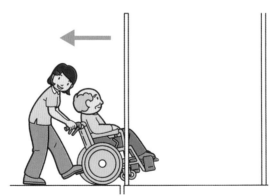

向後出電梯:
　　解除剎車,讓前輪翹起,一面留意周邊
狀況,一面緩緩退出電梯。

可以在電梯內掉轉方向時

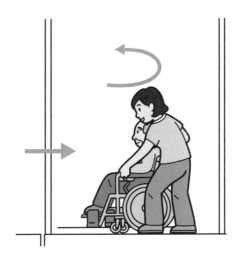

向後進電梯：

　　進入內部空間足夠回轉輪椅的電梯，應向後退入電梯，在電梯內掉轉方向之後，固定剎車。

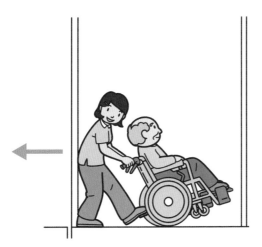

向後出電梯：

　　照料者一面確認後方的安全，一面向後退出電梯。

站起來的照料技巧

1 站立起身的基本動作

站立的動作分解

你或許以為站立起身時，身體是直線往上提起。然而，以頭部為中心分析整個動作過程，會發現它其實是曲線活動。頭部如果直挺挺的往上提起，身體就無法從座位上站起來了。

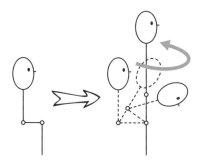

頭部一度往前大幅移動，但之後又會回到腰部正上方。

1 向下彎腰低頭

人要站起身時，重心必須先往前移動。如果採取彎腰前傾的姿勢，就可以自然將重心往前移動。

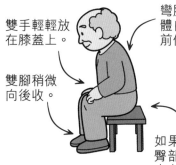

雙手輕輕放在膝蓋上。

雙腳稍微向後收。

彎腰，身體自然向前傾。

如果坐得很深，臀部請先往前挪出來一些。

提起腰部

手仍然貼在膝蓋上，身體深深向前傾，將重心向前移動，腰部自然提起來。

因為重心移到膝蓋，放在膝蓋上的手可以撐住上半身。

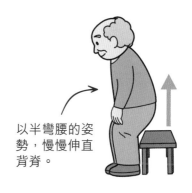

 伸直雙膝

腰部提起，重心自然轉移到兩腳，一面平衡身體，一面緩緩把頭抬起來，再把膝蓋打直。

以半彎腰的姿勢，慢慢伸直背脊。

 直起上半身

膝蓋打直的同時，上半身也挺起來，就可以站直了。

2 從椅子站起身 1

1 請老人抓住你的手

請老人雙腳稍微向後收，照料者一腳向前跨出，然後讓老人抓緊自己的手臂。

老人兩腳稍微向後收，以便重心向前移，身體比較容易站起來。

身體稍微向前傾。

2 手臂下拉

從坐姿站起時，身體重心必須由臀部移到腳底。協助重心順利轉移的要領，不是直接去拉老人的手臂，而是先讓他用自己手臂往下拉。

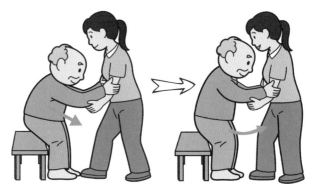

3 完成站起身的動作

站起來後，照料者不要立刻把手放開，應確定老人站穩以後才慢慢放手。

從椅子站起身 2

1 膝蓋貼膝蓋

站在老人前面，兩膝蓋並攏以後
再微微屈膝，照料者把自己的兩膝蓋
貼着老人的一個膝蓋，做為站立起身
的動作支點。

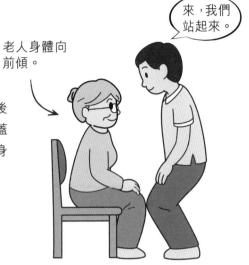

老人身體向
前傾。

來，我們
站起來。

2 請老人環抱照料者的脖子

讓老人慢慢伸出雙臂，雙手交叉
於照料者的脖子後。

把你的手環抱
住我的脖子。

如果老人雙手無力
環抱照料者，讓她
抓住照料者的褲頭
也可以。

照料者頂着老人膝蓋，身體向後倒，此時老人的身體自然會被順勢拉向前，當一後一前的動作停下來以後，雙方一同把腿站直。

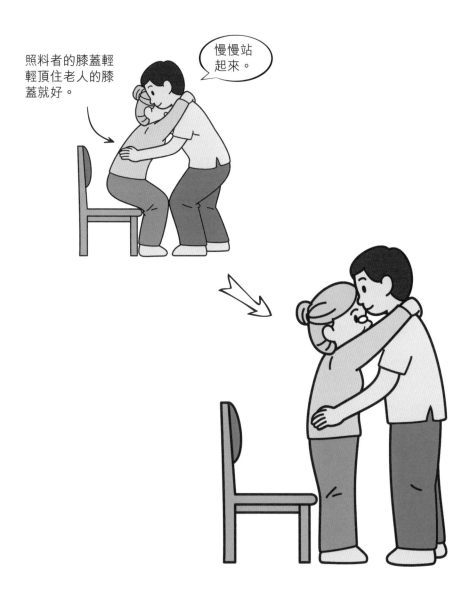

第四節

步行的基本照料

步行能有效降低老年人心血管疾病、高血壓、糖尿病、結腸癌及心理疾病的發生率,同時振奮精神,調節情緒,增強心臟活力,增加肺活量等,增強老年人的自信心、注意力和自我控制能力,改善新陳代謝。

步行的基本照料

1　面對面站立,支撐老人雙臂

照料者和老人面對面站立,出聲提示以後,用雙手支撐起對方的雙手。

照料者用自己的腳趾抵住對方的腳趾。

請老人向前稍微跨出一隻腳。

2　提示老人跨出的腳步

照料者要提示老人把重心放在哪一隻腳,另一隻腳則稍微向後收。如此一來,向後收的一隻腳也會在照料者的動作引導下,自然向前跨出。

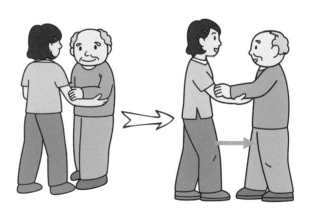

3 重複第一步
和第二步

老人向前跨出一隻腳的同時，照料者和他
相反側的一隻腳向後退，和老人一起走路。

↗ 協助步行的各種輔具：拐杖

▎T 字形拐杖

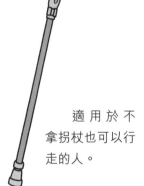

適用於不
拿拐杖也可以行
走的人。

▎前臂拐杖

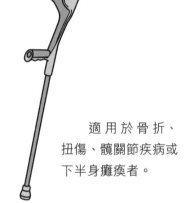

適用於骨折、
扭傷、髖關節疾病或
下半身癱瘓者。

多腳拐杖

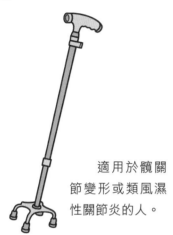

適用於髖關節變形或類風濕性關節炎的人。

腋下拐杖

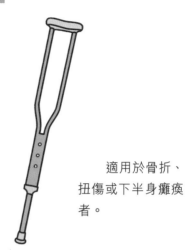

適用於骨折、扭傷或下半身癱瘓者。

拐杖選用小貼士

有需要才選用

拐杖是老人的第三隻腳，幫助行動不便的老年人行走生活。

質量要結實

- 不易受潮、不易裂。
- 承重性能要特別好
- 多問多挑
- 切忌用手之外的其他部位支撐

拐杖的頭尾

- 拐杖的握柄部份不宜太小，否則對使用者的手關節不利；如果老年人的手掌容易出汗，避免使用塑料的握柄，軟木或乳膠質的手杖最好抓。
- 與地面接觸的部位必須加防滑墊。

選擇適合老人的拐杖

- 拐杖的理想高度：老人穿平底鞋站在平地上，站直後，兩手自然下垂，取立正姿勢，胳膊肘應有 20 度的彎曲，然後測出手腕部皮膚橫紋至地面的距離。
- 一般老年人用的拐杖，拄起時高度不應超過自己的腰部。

使用拐杖走路要小心

- 使用拐杖時不可穿拖鞋、高跟鞋和絲襪，應穿着平穩的鞋子以防跌倒，並小心走路。
- 走路時要注意周圍環境安全，避免行走在濕滑、崎嶇、障礙物多的路面上。

協助步行的各種輔具：助行器、助行推車

單側助行器

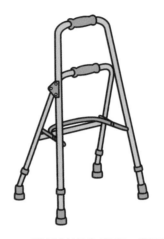

適用於半身癱瘓、類風濕性
關節炎或膝關節炎的人。

固定型四腳助行器

適用於手臂有力，但無法用拐
杖行走的人。

助行器

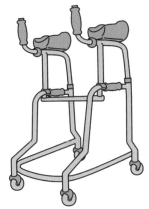

適用於全身肌力不足的人。

助行推車

適用於沒有拐杖也能
自己走路的人。

附坐椅助行器

適用於難以持續步行的人。

保持身體的清潔舒爽是令人心情愉悅的事，也是有效預防一些疾病的重要措施。從頭到腳的清潔中也有很多的小技巧，一些輔助器具值得了解，這些都可以幫助老人和照料者。

第六章

浴：清潔、洗漱、沐浴

清潔的概況

　　清潔是人類最基本的生理需求之一，具體的清潔是指去除身體的表面污垢，如排洩物、分泌物及容易細菌繁殖的物質，保護皮膚的防禦功能，促進血液循環。同時，清潔還可以改善自我形象，使人擁有自信和自尊，感覺舒適、安全及心情輕鬆愉快。清潔護理技術是指能促進個體生理和心理健康的清潔措施。

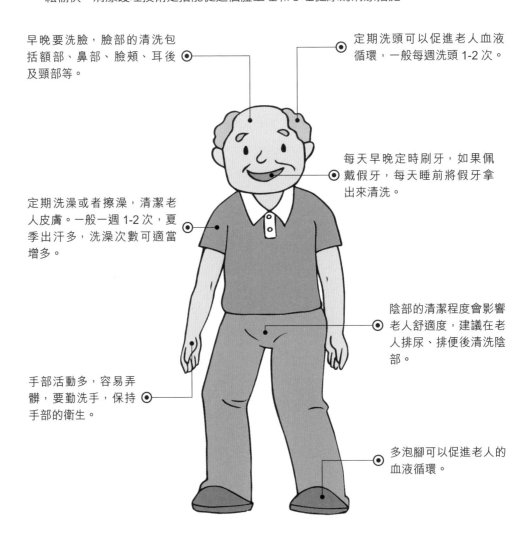

早晚要洗臉，臉部的清洗包括額部、鼻部、臉頰、耳後及頸部等。

定期洗頭可以促進老人血液循環，一般每週洗頭 1-2 次。

每天早晚定時刷牙，如果佩戴假牙，每天睡前將假牙拿出來清洗。

定期洗澡或者擦澡，清潔老人皮膚。一般一週 1-2 次，夏季出汗多，洗澡次數可適當增多。

陰部的清潔程度會影響老人舒適度，建議在老人排尿、排便後清洗陰部。

手部活動多，容易弄髒，要勤洗手，保持手部的衛生。

多泡腳可以促進老人的血液循環。

　　居室的清潔是老人良好生活品質的基礎，保持老人房間和室內的整潔衛生也是清潔照料的重要內容。在開始對老年人個人清潔衛生的照料前，我們先對老年人居室的衛生狀況做一個簡單的評估吧。

居住環境衛生狀況評估

項目	是	否
有異味	1	0
通道等雜物堆放，久積灰塵	1	0
通風不良	1	0
有蚊蟲鼠蟻等	1	0
採光不好、燈光昏暗	1	0
餐廚用具不整潔	1	0
桌椅常堆放雜物	1	0
床單被罩不整潔	1	0
洗漱用品如毛巾、牙刷等久用不換	1	0
衛生間水盆、馬桶不清潔	1	0

總分：＿＿＿＿＿＿＿＿

判定規則：

● 0 分：衛生狀況非常好，繼續保持！

● 1-3 分：衛生狀況較好，需要及時清理、打掃，盡量保持良好的衛生環境。

● 4-6 分：衛生狀況比較糟糕，需要人協助盡快採取措施改善。

● 7 分及以上：衛生環境非常糟糕，老人的生活環境非常不好，亟待立即處理。

第二節
口腔的清潔

1 牙齒清潔

• 口腔衛生的照料很重要

飲食後刷牙，是日常口腔清潔必不可少的事，口腔的清潔不只是刷牙，牙齦、舌頭等都需要清潔，如果不妥善清理，容易誘發牙周病。及時去除污垢，可以維持口腔環境的清潔。

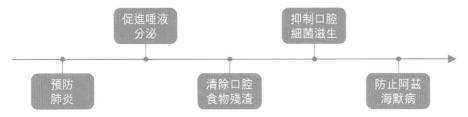

• 依照牙齒的狀況做不同程度的清潔

口內沒有牙無法自理的老人	照料者可以利用大棉棒蘸生理鹽水或不含酒精的漱口水幫忙清潔口腔，並使用海棉棒清理舌頭。
全口假牙可以自理的老人	餐後及時清除口腔中食物殘留物，每天睡前取出假牙，清洗後放到清潔的水杯中。
口內仍有牙齒的老人	隨着年齡增加，牙齦萎縮，牙齒縫隙變大，可以使用「牙間刷」來協助清潔。建議選擇「軟毛牙刷」及「抗敏感性及含氟」的牙膏。

118

● 清潔口腔的順序：

首先除了牙刷以外，應準備牙間刷等必要的潔牙工具。首先漱口，然後順着牙齒、黏膜、舌頭的次序，依次清潔，最後再一次漱口。

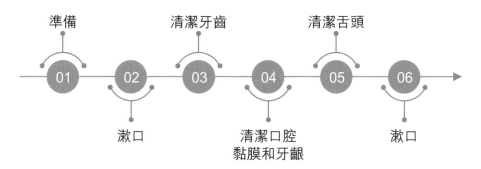

準備		清潔牙齒		清潔舌頭	
01	02	03	04	05	06
	漱口		清潔口腔黏膜和牙齦		漱口

2 假牙的清潔

清潔假牙應採用假牙專用的牙刷等工具。容易堆積殘垢的齒縫之間與內側要特別仔細清理。此外，潔牙粉或研磨劑會在假牙表面造成細小的劃痕，最好使用假牙專用的清潔劑來清洗。

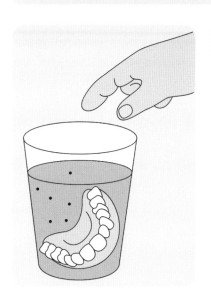

▌使用假牙清潔劑的注意要點

浸泡假牙雖然可以讓污垢浮出表面，但還是無法去除塞在牙縫間的殘垢等，所以仍須用牙刷清理。

溫馨提示

假牙保養小貼士

假牙要保養，否則食物殘渣滋生細菌，易引起口腔炎、牙齦炎等。

1. 每次用餐後，應摘下假牙沖洗乾淨。

   a) 假牙取下時「先下後上」，先取出下面的假牙，再卸下上面的假牙。

   b) 戴上時則是「先上後下」，先把上面的假牙裝上，再安裝下面的假牙。

   c) 取戴的時候，注意假牙的黏膜接觸面不要過度摩擦，以免損耗。

2. 清潔假牙不要用溫度過高的熱水，以免變形。

3. 為避免假牙壓迫牙齦，每晚入睡前要摘下假牙，清洗乾淨後放入清水中，以免假牙乾燥變形。

4. 假牙有臭味或變色時，將假牙置於專用清洗液內浸泡一夜，然後沖水清洗乾淨。

5. 如果口腔內有異常，或者假牙不合適，要請牙科醫生診療。

第三節

頭髮的清洗

 頭髮清洗的意義

清潔、整齊、外觀美麗的頭髮與健康、自尊及自信密切相關。在濕熱的環境下，頭髮容易出汗、油膩；生病或心情不佳時，頭髮的生長速度及發質都會改變。因此，老年人要經常梳理、清潔頭髮，保持頭髮健康，防止細菌感染或寄生蟲滋生。

① 準備好自製洗頭墊

利用簡單的自製洗頭墊，老人即使躺在床上也能洗頭。首先在頭部四周鋪好塑料墊，備好浴巾和自製洗頭墊，然後老人採取如圖的躺姿。

頭部斜躺在靠床沿的一側。

洗頭墊的尾端垂入水桶裏，洗髮時讓水順墊滴落。

在頭部和胸部包裹毛巾。

如何自製洗頭墊？

1. 浴巾捲成長棒狀，套進長筒襪中，末端再用橡皮筋綁牢。

長筒襪　　　浴巾

2. 彎成 U 字形，放進大塑料袋的底部。

3. 將塑料袋中間抹平，把多餘的空氣壓出來，再用洗衣夾固定塑料袋的兩端。

目前，在市場上已有很多適用於臥床老人洗頭的用具，可以直接到店舖或網上的一些大型購物平台選購適宜的產品。

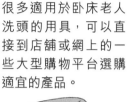

 　用洗髮液洗頭

　　先取兩個棉球，塞住老人的外耳道，避免水流入耳內，用 40℃左右的水，將頭皮全部沾濕，再取適量洗髮液洗頭髮。

邊按摩頭皮邊洗髮。清洗後腦勺時，把頭輕輕捧起。

3　用温水洗淨泡沫

先用手擦去頭髮上大部份泡沫，然後慢慢倒出温水沖掉殘留在頭上的洗髮液。

為避免水流進眼睛裏，倒水時要一點點慢慢倒。

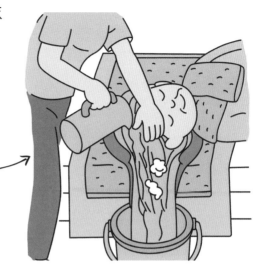

4　吹乾頭髮

另取乾毛巾擦乾頭皮上的水，再用吹風機吹乾頭髮和頭皮，全乾以後，用梳子把頭髮梳順。

注意吹風機熱風不要直接對着臉吹。

沐浴的照料

皮膚清潔的意義

　　人體皮膚具有保護機體、調節體溫、吸收、分泌、排洩及感覺等功能。皮膚新陳代謝的產物與外界細菌及塵埃結合成污物如不及時清除，可能會刺激皮膚，降低皮膚抵抗力。保持皮膚清潔對於促進老年人的舒適與健康非常重要。

洗臉

　　用清水打濕面部，塗抹潔面用品，擦拭額部、鼻部、鼻翼兩側、臉頰、耳後及頸部，洗淨，毛巾擦乾面部。

洗手

　　手部活動多，容易弄髒，應每天為老人洗手。

背後墊枕頭或者靠墊，支撐上半身坐起來。

桌上鋪塑料墊，上面再鋪毛巾。

水盆盛裝熱水，將老人的雙手泡在熱水中，為其塗抹香皂。

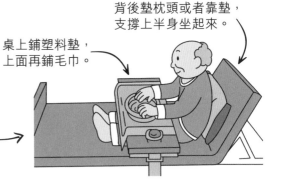

洗腳

　　在泡腳專用的桶或者水盆裏注入 40℃熱水，讓老人泡腳，腿腳一旦暖和，全身血液都循環起來。

老人坐床邊，雙腳泡在裝了熱水的泡腳桶裏。

泡到腿熱起來以後，再按照小腿、腳踝、腳趾的順序清洗。

清潔後背

　　坐在洗澡椅上，盡可能讓老人自己動手洗浴。清洗後背時，把塗抹了香皂的毛巾背在背後，雙手握住毛巾兩端來回搓洗。

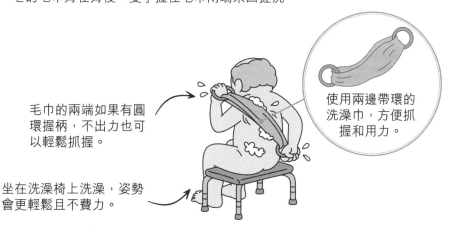

使用兩邊帶環的洗澡巾，方便抓握和用力。

毛巾的兩端如果有圓環握柄，不出力也可以輕鬆抓握。

坐在洗澡椅上洗澡，姿勢會更輕鬆且不費力。

清洗臀部（本人自主）

　　坐在洗澡椅上，左右輪流抬起屁股，方便清洗。因為這樣做必須來回移動身體的重心，為防止滑倒或者跌落，照料者需要適時幫助老人支撐他的平衡。

輪流抬起左右兩邊屁股，方便清洗。

兩腳的腳底要確定踩在地板上，穩定下半身。

清洗手腳（照料者協助）

　　半癱的老人洗腿時則要讓老人坐在已經調整到高度合適的洗澡椅子上，盡可能讓老人放鬆。

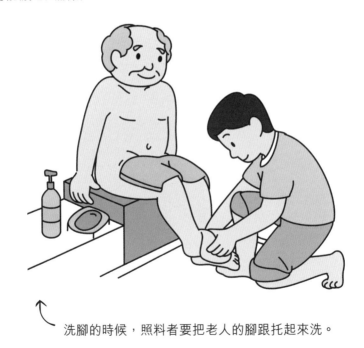

洗腳的時候，照料者要把老人的腳跟托起來洗。

清洗背部、臀部（照料者協助）

照料者讓老人扶着洗澡椅、扶手或者浴缸邊沿，請老人彎身前傾，照料者站在老人身邊，為老人清洗背部和臀部。照料者動作要迅速，不要拖太久。

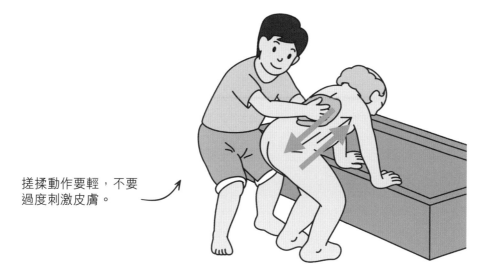

搓揉動作要輕，不要過度刺激皮膚。

排洩是人最基本的生理功能，同時也是非常私密的行為活動。在照料老人如廁的過程中，照料者應當充份顧及老人的自尊心，給予老人必要的支持和協助。

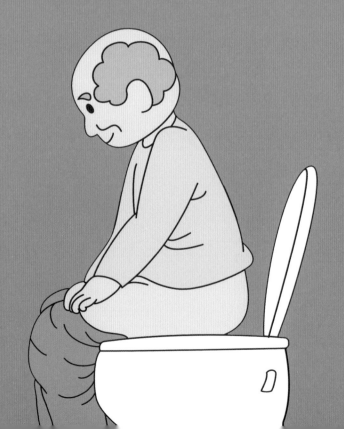

第七章

廁：大小便護理

第一節

如廁的基本照料技巧

1 如廁基本觀念

● 如廁是關乎自尊的行為

　　排洩是人體的重要生理現象，是維持健康和生命的必要條件。排洩行為的自理是關於個體尊嚴和社會自立的重要內容。對老人而言，一旦失禁或必須使用紙尿褲，完全不能獨立如廁，是一件非常有挫敗感的事情，也容易使老人喪失自尊心，沒有與社會或人群接觸的意願。所以說，在日常的照料工作中，最大程度鼓勵老人的獨立性，並提供必要協助是一項非常重要的原則。

● 老年人便秘

　　便秘在 65 歲及以上人群中更常見。這個年齡段的人更有可能飲食習慣差、藥物使用增加，老年人腸道的肌肉活動也常常減少，這增加了排便時長，除此之外，關節炎等身體問題也可能使老年人排便不適或痛苦。

老年人發生便秘的主要因素

年齡	運動	個人身體狀況	飲食
便秘在 65 歲及以上人群中更常見	缺乏運動或不運動	因慢性疾病服用多種藥物，可能含有導致便秘的藥物 關節炎等身體問題也可能使老年人排便不適或痛苦	飲食習慣差 缺水 較少食用富含高纖維素的食物

- 預防老年人發生便秘

幫助老年人建立健康的生活方式和習慣

多吃水果、蔬菜、穀物等食物；提醒老人多喝水；鼓勵並陪伴老人適當運動。

合理服用藥物

某些抗過敏藥、抑酸藥、降壓藥、抗抑鬱藥可能引發便秘。如經常便秘，需到醫院接受檢查，諮詢是否藥物導致，在醫師指導下用藥，切不可擅自更改治療方案。

2 如廁注意事項

要將排便所需的三種力量發揮到最大值，就要採取如下的坐姿。特別是老人的肌力不足，腹壓無力，採取正確的如廁姿勢才能夠補充力量的不足。

- 排便所需的三種力量

為解便而用力，能幫助直腸收縮。肌力不足會導致腹壓減弱，坐着如廁則可以增加腹壓。

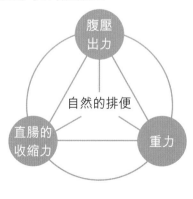

糞便被運送到大腸的末端時，直腸接受到大腦發出的指令，開始產生自律性收縮，這是本人的意願無法克制的收縮。

糞便因為自身的重量而向下墜入的力量，它和人體的老化無關，只要姿勢正確就可以發揮作用。

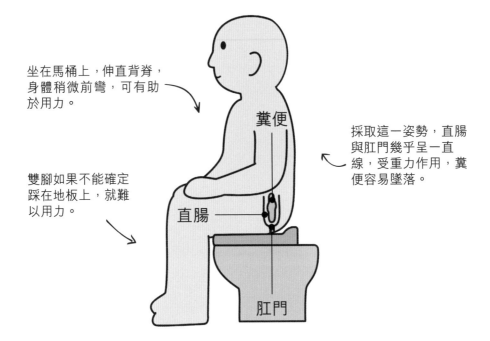

坐在馬桶上，伸直背脊，身體稍微前彎，可有助於用力。

採取這一姿勢，直腸與肛門幾乎呈一直線，受重力作用，糞便容易墜落。

雙腳如果不能確定踩在地板上，就難以用力。

糞便

直腸

肛門

坐馬桶時，如果腳碰不到地上，就必須踩在踏腳櫈上，協助用力，至於在臥床的姿勢下，腹壓和重力都幾乎失去作用，因此即使是長期臥床的人，還是盡量讓他坐起來排便好。

第二節

從輪椅轉移到馬桶

1 將蹲式便器改為坐式馬桶

在蹲式便器上安裝簡易轉換便座，就可以當坐式馬桶使用。

蹲式便器

簡易坐便器

簡易坐便器（帶便盆）

比起坐式馬桶，使用蹲式便器無論是蹲下或起身的動作幅度都要大很多，這對肌力不足的人是一大折磨。直接把家中的蹲式便器更換為坐式馬桶最理想，如果實在做不到，也有簡易的交換式便座可以選擇。

133

從輪椅到馬桶的過程

1 抓握扶手站起身

　　輪椅與馬桶呈直角相對，讓老人向前彎身準備起立。老人單手抓握扶手的力量不足而難以起身時，照料者要抓住他的褲頭將老人往上提。

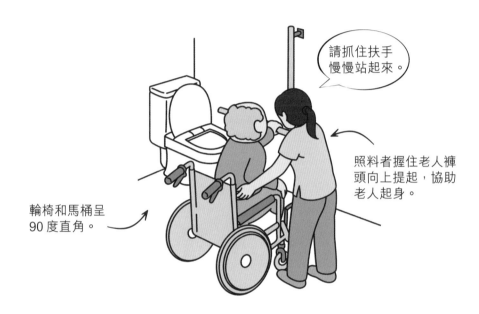

請抓住扶手慢慢站起來。

照料者握住老人褲頭向上提起，協助老人起身。

輪椅和馬桶呈90度直角。

> 老人起身時，要引導老人身體前傾、腳內縮，呈現正確的起身姿勢，若起身不易時，照料者應托住老人臀部，兩人一起用力，協助他起身。

2 抓好扶手

　　協助老人身體 90° 轉向，讓屁股正對着馬桶。照料者站在老人空手的一側，為他扶好上半身，讓老人自己褪下外褲和內褲。

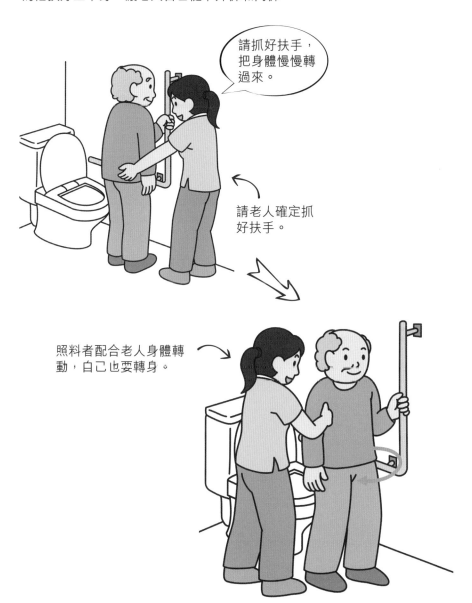

請抓好扶手，把身體慢慢轉過來。

請老人確定抓好扶手。

照料者配合老人身體轉動，自己也要轉身。

向前彎腰，在馬桶上坐好

彎腰向前的姿勢，可以讓身體容易坐下。老人在馬桶坐穩以後，照料者的手掌貼着老人的後背，協助他保持上半身自然傾斜的姿勢。

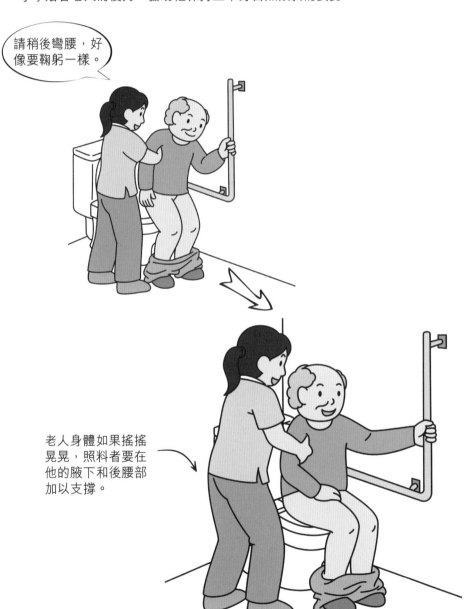

請稍後彎腰，好像要鞠躬一樣。

老人身體如果搖搖晃晃，照料者要在他的腋下和後腰部加以支撐。

第三節

紙尿褲的穿脫

老人失禁的時候，必須為他換上新的紙尿褲。更換前要先告知老人，然後為他褪下褲子，一步一步更換乾淨的紙尿褲。

老人紙尿褲的選擇依據

紙尿褲 的選擇	超強吸收體	快速吸收液體並將之緊緊鎖住，有效防止回滲和側漏。
	立體護圍	有效防止側漏
	柔軟透氣表層	迅速散透悶熱濕氣，常保乾爽。
	性別	男性，可將輕便型尿片直接包住生殖器，讓小便直接解在尿片上，屆時只要更換尿片即可。 女性，尿片鋪在紙尿褲上，如無外滲至紙尿褲，亦只需更換尿片。
	尿濕顯示	提醒及時更換尿褲，有效防止尿布疹。
	彈性腰圍	穿着更舒適，不外漏。
	隨意彈性	可重複使用多次，方便調整鬆緊，穿着更舒適。

解開髒的紙尿褲，擦淨身上排洩物

解開紙尿褲後，用柔軟的紙巾或濕毛巾將老人下腹部的污物清洗乾淨，檢查老人皮膚是否出現發紅起疹或有傷口。

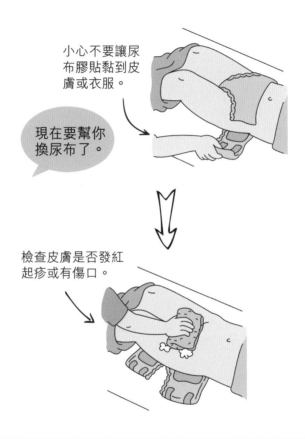

小心不要讓尿布膠貼黏到皮膚或衣服。

現在要幫你換尿布了。

檢查皮膚是否發紅起疹或有傷口。

紙尿褲用過即丟，對照料者來說比較省事。但是，有些老人穿紙尿褲容易得疹子，並且市面上紙尿褲的種類非常多，價格相差也比較大，可以根據老人和家庭的實際狀況加以選擇。

2 翻身，捲起髒的紙尿褲，擦洗臀部的污物

　　將老年人身體轉向一側，側臥。將髒的紙尿褲捲起，擦淨臀部的污物，然後用溫毛巾輕輕擦拭老人皮膚，注意擦乾，同時將乾淨的紙尿褲放置到已擦拭乾淨的一側。

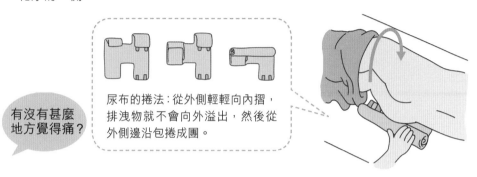

有沒有甚麼地方覺得痛？

尿布的捲法：從外側輕輕向內摺，排洩物就不會向外溢出，然後從外側邊沿包捲成團。

3 翻身，抽出髒紙尿褲，穿上乾淨的紙尿褲

　　將老人的身體翻轉至乾淨的紙尿褲上，擦拭另一側身體，抽出髒的紙尿褲。擦拭乾淨後，將新的紙尿褲展開，協助老人恢復到平躺姿勢。

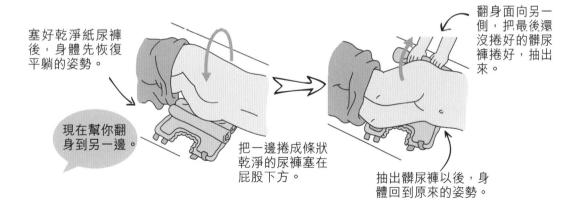

塞好乾淨紙尿褲後，身體先恢復平躺的姿勢。

現在幫你翻身到另一邊。

把一邊捲成條狀乾淨的尿褲塞在屁股下方。

翻身面向另一側，把最後還沒捲好的髒尿褲捲好，抽出來。

抽出髒尿褲以後，身體回到原來的姿勢。

4 固定紙尿褲的膠貼

　　紙尿褲的前片蓋住下腹部，左右兩邊的側片包住臀部。為防止尿液滲出，膠貼按照「由下往上」的順序依次黏好，整理平整，確保彈性摺邊朝外。

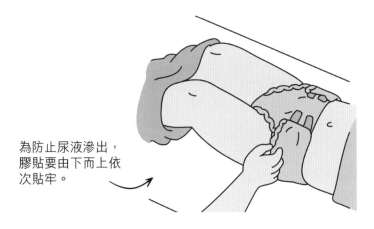

為防止尿液滲出，
膠貼要由下而上依
次貼牢。

紙尿褲平整無褶皺，防止皮膚局部受壓。

第四節

使用尿壺排尿

尿壺的使用

依使用者的性別不同，尿壺的形狀也有區別，男性用的尿壺口小而細長，女性用的尿壺口寬而外擴，不要用錯。為避免尿液滲出，或是異味散出，一定要選有蓋的尿壺。

男用尿壺
口小而細長

女用尿壺
口寬而外擴

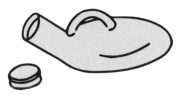

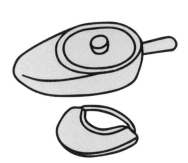

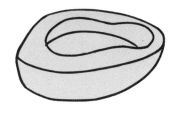

插入式便器
排尿、排便兼用，男女兼用

便盆
大小便兼用
男女通用

準備尿壺

老人即使只能躺在床上，也要利用尿壺盡可能自理排洩，這是非常重要的事。

將尿壺和捲筒衛生紙放在對方伸手可及的位置。

把床調整到上半身能坐起的高度。

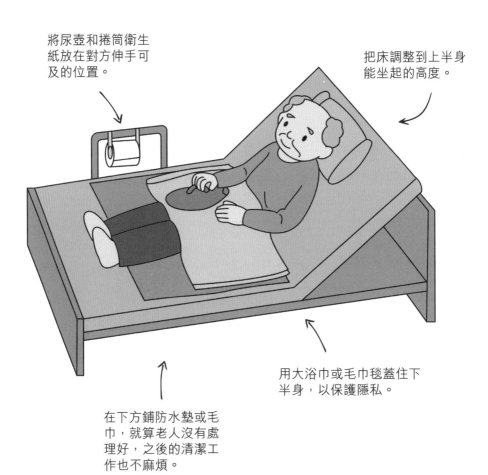

在下方鋪防水墊或毛巾，就算老人沒有處理好，之後的清潔工作也不麻煩。

用大浴巾或毛巾毯蓋住下半身，以保護隱私。

2 使用尿壺

使用尿壺自行排尿，男女的姿勢不同。但無論男女，都要確定將陰部貼着尿壺口，才可以開始排尿。

男性

褪下外褲和內褲以後，轉身側躺，陰部插入尿壺口排尿。

稍微弓背屈膝的姿勢，比較容易對準尿壺口。

男性要側躺，比較容易操作。

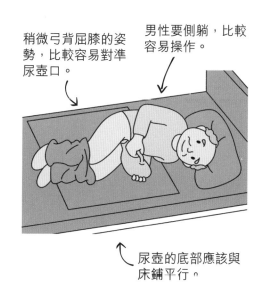

尿壺的底部應該與床鋪平行。

為避免尿液外漏，尿壺口必須緊密貼合陰部排尿。

女性

褪下外褲和內褲以後，上半身稍微坐起，將尿壺口緊密貼合陰部排尿。

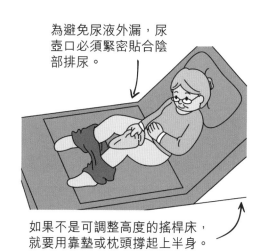

如果不是可調整高度的搖桿床，就要用靠墊或枕頭撐起上半身。

清洗陰部

　　排尿、排便後，即使用面紙等擦拭陰部，還是會無法完全乾淨。沒有做好陰部清潔，不只是老人感到不舒服，也容易感染病菌，所以每天都要清洗。

男性

溫水噴濕整個陰部，清洗包皮內側和龜頭周圍。

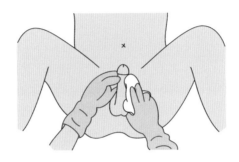

清洗陰莖以後，將陰莖向上翻起，清洗陰囊內側。

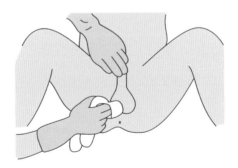

女性

溫水沾、噴濕陰部，擦拭陰唇內側。

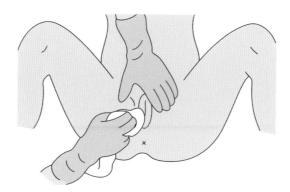

擦拭陰唇外側。

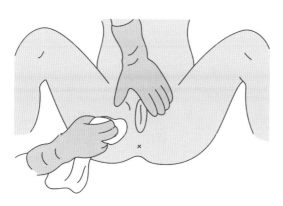

為預防感染，擦拭方向應自上而下。

清洗前，在床上墊上防水布；將乾淨的便盆放置到老人下身合適的部位，以防污染、打濕床單。

對於各種身體機能都在衰退當中的老人而言，隨時可能在日常生活中出現突發狀況。針對一些較為常見的緊急情況，照料者應具備基本的應對處理常識，以備不時之需。

第八章

緊急狀況的處置

緊急處置

　　隨着年齡的增長，老人的生理和心理狀況都會發生較大變化。不管生理還是心理方面，都會大大增加老人發生噎食、跌倒等緊急狀況出現的風險，若不能及時處理，可能會危及老人的生命。所以，老人發生緊急狀況時，若照料者能夠給予及時、科學的處理，對於維持老人的健康和生命具有重大意義。

▎確認 5 大生命體徵：

　　生命體徵是標誌生命活動存在與質量的重要徵象，是評估身體的重要項目之一，包括血壓、脈搏、意識、體溫、呼吸等。遇到急症或者是意外傷害等緊急狀況時，首先要大聲呼叫老人，確定老人有無意識、呼吸等生命體徵。必要時呼叫救護車或聯絡醫生。

溫馨提示

　　老人生命體徵異常或是失去反應，照料者需立刻撥打 999 呼叫救護車。然後向 999 清楚並且簡潔的説明現在的位置（地址）、老人的姓名、年齡、症狀。如果可能，積極尋求有急救知識的人員在救護車到來之前實施必要的急救措施，爭取寶貴的救援時間。

血壓

使用便於快速檢測的電子式血壓測量儀。一般成年人的正常血壓值是收縮壓 120-129 毫米汞柱、舒張壓 80-84 毫米汞柱。老年人以高血壓居多，但因為個人差異比較大，應參考老人平日的血壓加以對照。

意識

確認老人的眼睛是否能夠張開、瞳孔反應是否分散、是否能應答、身體是否可以活動。

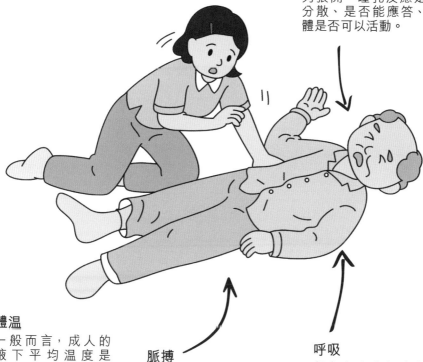

體溫

一般而言，成人的腋下平均溫度是 36.89℃，老人的溫度會稍微偏低，應參考老人平日的溫度加以對照。

脈搏

食指、中指和無名指並攏，按壓臥位或坐位老人的手腕處，正常值大約是 60-90 次 / 分鐘。

呼吸

觀察老人胸部或腹部的起伏，確認呼吸的次數與深度。正常值大約是每分鐘 16-20 次，呼吸系統功能衰竭的人，呼吸次數會增多，呼吸會變淺而急促。

噎住、窒息的處置

緊急處置步驟

噎住是指食物或飲料、唾液等阻塞器官，尤其容易發生在無法充份咀嚼食物或順利吞嚥的老人身上。異物阻塞不出，有可能讓人窒息而死。老人如果反覆被噎到，有可能細菌會從器官進入肺部，將引發吸入性肺炎。老人在吃東西過程中，如果突發劇烈咳嗽，必須迅速為他取出異物。

1　壓迫心口

照料者站在老人背後，雙臂穿過老人腋下將他抱住，兩手在心口和肚臍之間握拳，快速的向上、向後連續擠壓。

站姿施行

用握在內側的拳頭壓迫心口。

雙腳打開，穩定重心，即使老人身體向後倒也能足以抱住他。

坐姿施行

用餐時發生意外，可以坐在椅子上施行。

如果施行多次仍不見效果，要立刻拍打老人的後背。

咳嗽有排除異物的效果，因此老人如果咳嗽要盡量讓他咳下去。

2　拍打背部

照料者一手抱住老人，另一手在他的兩肩膀之間持續拍打。

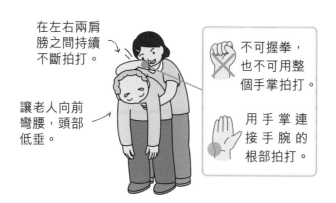

在左右兩肩膀之間持續不斷拍打。

讓老人向前彎腰，頭部低垂。

不可握拳，也不可用整個手掌拍打。

用手掌連接手腕的根部拍打。

3　取出異物

見到異物掉到嘴裏，應立刻打開老人嘴巴，用手指掏挖出來。注意手指千萬不要挖進喉嚨深處。

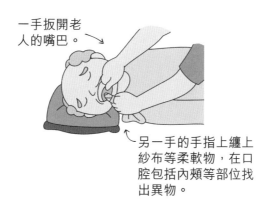

一手扳開老人的嘴巴。

另一手的手指上纏上紗布等柔軟物，在口腔包括內頰等部位找出異物。

2 誤飲、誤食的緊急處理

疑老人誤食異物時，應比照誤嚥的緊急處理，首先確認有無意識和呼吸，必要時確保呼吸通暢，並施以心肺復蘇術。至於罹患失智症的老人，容易像嬰幼兒一樣，甚麼東西都往嘴裏塞，因此要先檢查周圍環境，確認老人吃了甚麼異物，再參照下表適當處理。

誤飲誤食的物品		處理	必須送醫的份量
	燈油	不給予任何飲料，不催吐	1ml 以上送醫院
	汽油		0.5ml 以上送醫院
	稀釋劑		1ml 以上送醫院
清洗劑	去霉劑	給予水或者牛奶飲用，不催吐	極少量也要送醫院
	家用鹼性清潔劑		極少量也要送醫院
	家用中性清潔劑		5ml 以上送醫院
	廚房清潔劑		5ml 以上送醫院
	加漂白成分的廚房清潔劑		極少量也要送醫院
化妝品	口紅	擦拭口腔、漱口	不必送醫
	化妝水	給予水或者牛奶飲用，加以催吐	10ml 以上送醫院
	洗髮水	給予水或者牛奶飲用，不催吐	5ml 以上送醫院
	洗甲水或卸甲水	不可給予任何飲料，不催吐	2ml 以上送醫院
香煙		不可給予任何飲料，加以催吐	2cm 以上送醫院
防蟲劑	樟腦丸	給予飲水，但不催吐	極少量也要送醫院
	萘丸	給予飲水，加以催吐	極少量也要送醫院
紐扣電池		甚麼都不要做	立即送醫院
尖銳物品	假牙	卡在食道較淺的位置，肉眼可見，建議用鑷子取出。	如有不適，送醫院；卡的位置比較深，立即送醫。
	回形針、牙籤等		
	雞骨頭、魚骨頭等		

常見誤區

- 盲目進食喝水或催吐拍背
  在確定吞入的物體沒有危險可自行排出之前，盲目進食、喝水或者催吐、拍背會導致劃傷或者腐蝕食道。

- 大幅度動作
  誤食直徑過大的物體，且沒有明顯不適症狀時，大幅度動作可能導致異物卡入腸道

風險預防

- 進食時要注意細嚼慢嚥，不要在進食時運動、激動說話。

- 老人假牙取戴要小心，特別是吃黏性食物（如年糕、湯圓等）時更要注意避免誤吞。

- 家中藥品、清洗劑等有毒物質應封好開口妥善保存，並做好標識，以免誤服。

第三節
中暑、脫水的處置

● 中暑的症狀

　　中暑是人體長時間待在高溫環境下，引發身體體溫調節功能出現紊亂的症狀。近年來，經常發生老人待在室內中暑的事情，這多半是因為老人對氣溫變化不敏感，又常常不願使用空調的緣故。應在炎熱天氣時候開啟空調或電風扇，讓室內溫度維持在 26-28℃之間，以避免中暑。

先兆中暑	輕度中暑	重度中暑
● 頭痛、頭暈、口渴、多汗、四肢無力、注意力不集中、動作不協調等 ● 體溫正常或稍高	除前述症狀外， ● 老人面色潮紅或蒼白、大汗、皮膚灼熱或濕冷、血壓下降、脈搏細弱、心率增快 ● 體溫超過 38℃	除前述症狀外， ● 老人出現肌肉痙攣、暈厥、昏迷或高熱 ● 體溫可超過 40℃

● 解開衣物，為身體降溫

　　一旦察覺中暑症狀，要先檢查老人有無意識。一旦沒有意識，要立刻叫救護車。如果仍有意識，要將老人移到有冷氣、空調的房間或陰涼的樹蔭下，為他鬆開身上的衣物，甚至脫掉衣服，以便為身體散熱降溫。

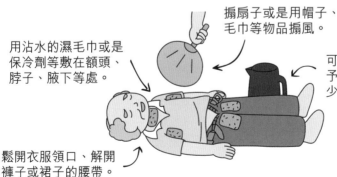

搧扇子或是用帽子、毛巾等物品搧風。

用沾水的濕毛巾或是保冷劑等敷在額頭、脖子、腋下等處。

可以自己喝水的話，給予開水或者運動飲料，少量多次慢慢補充。

鬆開衣服領口、解開褲子或裙子的腰帶。

温馨提示

預防中暑

當炎熱指數高時，最好待在空調環境裏。如果必須出門，可以通過以下措施：

- 穿輕便、淺色、寬鬆的衣服，戴寬邊帽。
- 使用防曬系數（SPF）30 或 30 以上的防曬霜。
- 多補充液體。為了防止脱水，一般建議每天至少喝 8 杯水、果汁或蔬菜汁。
- 把户外活動的時間挪到一天中最涼爽的時間，要麼在清晨，要麼在日落後。

- 脱水的症狀

人體大約 60% 是水份，隨着年齡越來越大，含水量也越來越少，老人體內大概只有 50% 的含水量，又因為老人的口渴中樞反應比較遲鈍，不容易感覺口渴，如果未能及時補充水份，很容易出現脱水症狀。脱水嚴重時，血液黏稠度升高，成為腦梗塞和心肌梗塞的危險誘因，所以要確保預防老人脱水。

輕度：肌肉疼痛、痙攣	中度：噁心、頭痛	重度：痙攣
嘴和眼較平常乾燥 排尿量少於平常 易怒、疲勞或頭暈 ……	皮膚乾燥粗糙 眼窩凹陷 尿量減少 ……	身體顫抖不停、痙攣 血壓降低 皮膚失去知覺 ……

● 水份要少量多次補充

　　老人一旦出現脫水症狀，應比照中暑的緊急處理，先檢查有無意識。如果還有意識，要先給予飲水。若是大量出汗，體內有可能已流失鹽份，應給予運動飲料或經口補水液。

可以自行喝水時	為求快速補給水份而大口快飲，容易因喝得太急而嗆到，如果水進入氣管還會引起劇咳，所以應小口慢飲才好。
無法自行喝水時	意識不清或是無法自己握住水杯時，就要趕緊聯繫醫生看診，或者呼叫救護車。

● 補充水量大約 1 杯水（200 毫升左右）。
● 溫度為常溫，或是 8-13℃ 。
● 以經口補水液最理想，其他像白開水、茶、運動飲料或是果凍狀飲料、富含水份的水果都可以。

> **溫馨提示**
>
> ## 預防老人發生脫水的健康指導
>
> 飲食指導
>
> ● 保證水份的攝入：不要等到口渴時才飲水；根據自身身體情況，定時、定量飲水。
> ● 合理分配三餐：合理分配食物和水份的比例；三餐前半小時以及三餐後 2.5 小時左右，各飲用 200 毫升水。
> ● 良好進食習慣：食物應易於消化，保證攝入充份的新鮮蔬菜和水果，少鹽飲食，少吃或不吃辛辣刺激和油膩、生冷的食物。
>
> 活動指導
>
> ● 以有氧運動為主，如散步、太極拳等，活動時間以每次 20-30 分鐘為宜，每週不少於 3-5 次。
> ● 運動不宜空腹，運動前、運動中和運動後需注意適量補充水份。
> ● 身體健康狀況欠佳時，適當減少運動量和運動強度。

第四節

食物中毒的處置

食物中毒通常在吃東西後立即發生，或直到數日或數週後才發生。

常見症狀包括：噁心或嘔吐、腹痛、水樣便或血性腹瀉、發熱。

控制噁心和嘔吐

- 嘔吐停止前不要吃固體食物。嘔吐停止後吃些清淡、溫和的食物，例如蘇打餅乾、香蕉、米飯或麵包等。
- 小口喝水可能有助於預防嘔吐。
- 不要吃油炸、油膩、辛辣或過甜的食物。
- 沒有醫生的指示不要自行服用止吐或止瀉藥，這些藥物都有副作用，可能導致某些類型的腹瀉加重。如果有脫水風險，醫生可能會開止吐藥。

防止脫水

- 喝清水，開始時小口啜飲，逐漸增加飲水量。
- 如果嘔吐和腹瀉持續超過 24 小時，口服補水溶液。

聯繫醫生

如果症狀持續超過 3 天，或者出現以下情況，立即就醫：

- 嚴重腹痛。
- 發熱。
- 血性腹瀉或黑便。
- 持續嘔吐或嘔吐物含血。
- 口乾、排尿減少、頭暈、疲勞、心跳或呼吸加快等脫水迹象。

撥打 999

- 可能是海鮮或野生蘑菇導致的食物中毒。
- 嚴重脫水。

常見誤區：

（1）盲目使用抗腹瀉藥物；

（2）盲目催吐。

第五節

跌倒的處置

　　老人跌倒的發生率高，可導致傷殘、失能，影響生活質量，甚至引起死亡；還會讓老人信心下降、功能進一步衰退，從而更易跌倒。65 歲以上老年人中，有 30% 每年跌倒 1 次或多次，是意外死亡的首位因素；80 歲以上老人的跌倒發生率高達 50%。我國老年人的跌倒，一半以上發生在家中，其中又有近一半與居家環境有關。

● 如果老人發生跌倒怎麼辦

> 如果老人不慎跌倒，首先要一邊安撫老人，一邊查問傷情。如果有外傷、出血，應立即止血、包紮，並到醫院做進一步處理。

> 若老人出現劇烈頭痛或口眼歪斜、言語不利、手腳無力甚至意識障礙等症狀，可能與中風有關，此時扶起老人可能會加重腦出血或腦缺血，應立即撥打 999 急救電話，請求援助。

- 跌倒的預防

居家環境的改造	
室內一般環境	所有房間、走廊和衛生間照明充足。 所有地毯和地墊都是固定的。 家具位置靠邊，不應妨礙行走；地面不要有可能絆倒 / 滑倒老人的雜物。
浴室環境	取消浴室門反鎖功能。 馬桶旁和淋浴間安裝固定防滑扶手桿。 淋浴間要有防滑墊、洗浴座椅，浴室內安裝電話或緊急呼叫裝置。
臥室環境	臥室門口安裝電燈開關，床附近安裝枱燈或開關，並做明顯標識。 設置夜燈或其他光源，方便半夜起床使用。 床到衛生間的通路寬敞、無障礙。 床附近安裝電話或緊急呼叫裝置。 懸掛輕薄的窗簾或遮陽窗簾，以減少眩光。
廚房環境	常用廚具、食物（如鍋碗瓢盆、調料、米、麵等）放置高度適當（膝蓋和肩膀之間）。 較重物品放在較低的櫥柜裏，較輕物品放在較高的櫥柜裏。 地面防滑，隨時擦乾地上的水。 備一個穩定的台階櫈（有扶手），以便拿取放置較高的物品。
室內樓梯環境	照明充足，樓梯頂部和底部都有開關。 樓梯完好無損，沒有雜物，台階防滑。 樓梯兩邊有堅實的扶手。
戶外環境	戶外通道及入口夜間照明充足，室外樓梯、通道有欄杆且表面防滑。 區內的台階、通道完好無損，沒有石子、沙子、雪或樹葉等雜物。 通往陽台或露台的門不設門檻。

- 科學照護老人
  - 鼓勵老人鍛煉，提高平衡能力和肌肉力量
  - 定期檢查眼睛和腳
  - 避免某些生活事件的發生

第六節

褥瘡的處置

日常生活的注意事項		緊急處理	
沐浴	在初期的發紅或脫皮狀況下，為改善血液循環和保持清潔，採用「沐浴」最為適合。沐浴時應小心，勿傷及患部，沐浴後記得要消毒。為了避免沐浴時弄濕傷口，可使用具有透氣性且防水的創可貼。	保守療法	就是非手術性的療法，第一級褥瘡、第二級褥瘡可用保守療法，其原則是清除壞死組織及不可再受壓。
按摩	已有褥瘡的部位應避免按摩，但可按摩其他部位。	手術療法	第三級褥瘡、第四級褥瘡可用手術療法。
如實記錄	照料者應記錄患者的身體狀況，如褥瘡部位等，且應每天確認，一旦有變化，更必須記錄在照護記錄表中，在與醫護人員討論時，這些記錄將是最好的依據，也可以讓褥瘡盡早得到更適當的診斷及治療。	其他	患部可以照紫外線或激光，不僅能殺菌，還可以幫助肉芽組織生長。

預防褥瘡	
老人衣着	照料者讓老人穿着寬鬆衣物，勿以拉扯方式翻身，應保持老人衣物、床單的平整，同時避免長期高於床頭 30 度，以防身體下滑而擦傷皮膚。
常翻身	照料者應 2 小時一次協助老人翻身，協助老人做肢體、關節活動，促進皮膚循環和改變肢體負荷部位。 使用輪椅者應 1 小時變換姿勢一次。
配備輔助工具	利用特殊設計的床、床墊、坐墊或保護器以減輕壓力，如氣墊床。
合理膳食	攝取充份營養，每天吃 70% 的蔬菜和水果，多吃高纖維的食物，少吃油脂類。 每天飲 8-10 杯水，避免皮膚乾燥。

第七節

燙傷、割傷的處置

▌▌燙傷的處置

　　燙傷是由無火燄的高溫液體（沸水、熱油、鋼水）、高溫固體（燒熱的金屬等）或高溫蒸氣等所致的人體組織損傷。

　　日常生活中多見的是低熱燙傷，是因為皮膚長時間接觸高於體溫的低熱物體而造成的燙傷。

一度燙傷（表面燙傷）

燙傷只損傷皮膚表層，局部輕度紅腫，無水泡，疼痛明顯。

二度燙傷（中層燙傷）

燙傷導致真皮損傷，局部紅腫疼痛，有大小不等的水泡。

三度燙傷（深層燙傷）

燙傷導致皮下脂肪、肌肉、骨骼都有損傷，並呈灰或紅褐色。

✓ 燙傷的處理步驟

立刻離開熱源
迅速離開熱源，避免傷害持續造成。

用乾的紙或者布將燙傷面的水吸乾。

患者手臂燙傷後，應及時去除手錶、手鐲等飾物，防止傷處腫脹，影響血液循環，從而引起嚴重不良後果。

脫掉燙傷處衣物
如果衣物被黏住，切記不可硬脫，可用剪刀小心剪開，並保留黏着的部份。

冷水沖洗燙傷部位或放入冷水中浸泡
用大量涼水沖洗傷處，或者放入涼水浸泡半小時（水溫不能低於 5 c，以免凍傷）。

如果無法浸水，可以用浸濕的紗布，敷在傷處，直至不痛為止。

若出現顫抖現象，要立刻停止浸泡。

用紗布蓋住燙傷部位
如果皮膚出現水泡，切記不要隨意刺破。

及時送往醫院
嚴重燙傷患者可能會出現疼痛難忍、燙傷面積大、滲液多、意識障礙等。遇到這種情況，簡單家庭處理後，請立即送往醫院。

✗ 燙傷的處理誤區

在燙傷處塗抹牙膏、醬油、紅藥水等
牙膏本身沒有抗感染作用，且常帶有一定數量的細菌。牙膏中的摩擦劑對創面是一種刺激物，發泡劑和調味劑易引起肉芽增生和創面感染。

醬油、紅藥水等有色溶劑遮蓋了創面，影響醫生準確識別燙傷的深淺程度。

自行隨意刺破水泡
短期內水泡起到保護創面的作用，但易感染。

浸泡過久
對大面積燒傷，不要浸泡太久，以免體溫下降過度造成休克，延誤治療時機。

採用冰敷治療
冰敷會損傷已經破損的皮膚，導致傷口惡化。

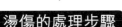 燙傷的預防措施

01
在接觸熱水壺或熱油鍋時，需要佩戴手套進行隔熱，並將這些高熱物品放置在遠離家人的安全位置。

02
在家中使用電暖器、電熨斗等家電時，千萬不要隨意觸碰，避免發生燙傷。

⑶ 割傷的處置

割傷的處置步驟

檢查傷情
- 割傷較嚴重時按壓傷口並撥打急救電話。
- 割傷較小時，按照以下步驟進行家庭清洗包紮即可。

清潔傷口
- 洗手。
- 用大量冷水清洗傷口。確保洗掉所有污物和雜質。
- 用溫和肥皂與水清洗傷口周圍區域。

治療傷口
- 在傷口處塗抹抗生素藥膏。
- 如果傷口很小並且不太可能受污染，則把傷口敞開來癒合。
- 如果傷口是在手部或腳部，所以有可能受污染，則用繃帶包紮。觀察是否出現感染症狀，例如發紅或滲液。

止血
- 用紗布或乾淨的布蓋住傷口，並用手掌按壓。
- 如果紗布被血滲透，不要取下它。在上面再蓋一層紗布。
- 出血停止後，再繼續按壓幾分鐘。
- 盡量抬高傷口部位，例如腿或手臂。

溫馨提示

割傷的預防
- 了解如何正確使用物品。
- 保障良好的操作環境，比如良好的照明等。
- 盡可能戴手套，保護雙手。
- 在使用時，讓尖銳物品遠離身體。
- 操作尖銳物品時，要集中注意力，不要分心。
- 操作尖銳物品前，不要飲酒或服用藥物。
- 不使用時，安全存放物品。

發生割傷時
- 直接壓迫傷口止血。
- 確定是否有血管、神經等其他組織受損。
- 確定是否需要醫生治療，例如縫線等。
- 清洗傷口，取出髒污或碎屑，防止感染（皮膚細菌感染和破傷風）。
- 確定是否需要注射破傷風針。

認知障礙症，又稱「腦退化症」或「失智症」，是因腦部損傷或疾病而導致的漸進性認知功能退化的一種慢性或進行性綜合徵，主要表現為記憶、思考、行為和日常活動等能力的衰退，嚴重時會無法分辨人、事、時、地、物。

　　隨着人口老齡化的加劇，越來越多的家庭遭遇到了這種疾病的困擾，正確認識並積極應對這一疾病帶來的照料問題和壓力，可以有效提高患病老人及家屬的生活品質。

第九章

認知障礙症的照料

認識認知障礙症

　　認知障礙症，又稱「腦退化症」或「失智症」，是因腦部損傷或疾病而導致的漸進性認知功能退化的一種慢性或進行性綜合徵，主要表現為記憶、思考、行為和日常活動等能力的衰退，嚴重時會無法分辨人、事、時、地、物。

　　隨着人口老齡化的加劇，越來越多的家庭遭遇到了這種疾病的困擾，正確認識並積極應對這一疾病帶來的照料問題和壓力，可以有效提高患病老人及家屬的生活品質。

100 多種病因可導致認知症

神經退行病變
阿茲海默症，路易體認知症
額顳葉認知症，柏金遜病認知症

血管性認知症
由於血管因素造成的癡呆包括中風、腦梗所導致的智能退化

混合型認知型
血管性認知症和阿茲海默症或與其他神經退行病變的混合

其他原因
中樞神經感染，腦外傷，腦腫瘤藥物中毒，維生素 B12 缺乏，營養不足

　　目前為止發現的老年失智疾病中，阿茲海默症是其中一個大病種，佔香港長者病例約 65%，所以也有人將阿茲海默症稱作老年性失智。

1. 認知功能下降，包括記憶力、計算能力、判斷力、注意力、語言理解和表達能力、思考能力和執行能力等的減退。明顯特徵是近事記不住，但很早以前的事卻能想起來；迷路。
2. 行為問題，比如抑鬱、幻覺、妄想、失眠、遊盪、攻擊和隨地大小便等。
3. 工作和生活能力下降，嚴重影響其日常生活和社會功能，逐漸需要他人照料，直至生活完全不能自理。大小便失禁、不知道吃飯、吃藥等。

第二節

簡易失智自我評測

　　失智自我篩查是診斷失智與否的第一步，可以對照失智症的典型症狀做一些簡單的自我評測，也可以使用一些專業性的量表進行自測，如果自測結果為疑似失智症，建議尋求專業的醫生等進行認知功能的評測。

失智症典型症狀的對照自查

	從來沒有	偶有發生	經常如此
1. 記憶力減退，常忘記近期發生的事情，但清楚記得很久以前的事。			
2. 忘了一些非常熟悉東西的名字。			
3. 在自己熟悉的地方迷路。			
4. 不斷重複問相同的問題，重複相同的話。			
5. 行為與情緒出現明顯的改變。			

● 畫鐘測試（CDT）

　　準備一張白紙和一支筆，畫一個圓形的時鐘，時針指向 11 點，分針指向 10 分畫出一個相對完美的 11：10 分的時鐘。

輕度認知障礙圖例

中度認知障礙圖例

重度認知障礙圖例

姓名＿＿＿＿＿ 性別＿＿＿＿ 出生日期＿＿＿＿＿ 教育水平＿＿＿＿＿ 檢查日期＿＿＿＿

視空間和執行功能		畫鐘錶（11點過10分）3分	得分

複製立方體

戊 結束　　甲
⑤
　　　　　乙　　②
①
開始
丁　　④　　　③
丙
【 】　　　　【 】

【 】　　　【 】　　　【 】
輪廓　　　數字　　　指針

＿＿／5

命名		

【 】　　　　【 】　　　　　　【 】

＿＿／5

記憶	讀出下列詞語，而後由患者重複上述過程，重複2次，5分鐘後回憶		面孔	天鵝絨	教堂	菊花	紅色	不計分
		第一次						
		第二次						

注意	讀出下列數字，請患者重複（每秒一個）	順背【 】21854 倒背【 】742	＿＿／2
	讀出下列數字，每當數字1出現時，患者必須用手敲打一下桌面，錯誤數大於或等於2不給分　【 】5213941180621519451114190 5112		＿＿／1
100 連續減7	【 】93　【 】86　【 】79　【 】72　【 】65　4-5個正確給3分，2-3個正確給2分，1個正確給1分，全部錯誤為0分		＿＿／3

語言	重複：我只知道今天張亮是來幫忙的人【 】　狗在房間的時候，貓總是躲在沙發下面【 】	＿＿／2
	流暢性：在1分鐘內盡可能多的說出動物的名字　【 】＿＿＿＿（N≥11名稱）	＿＿／1

抽象	詞語相似性：如香蕉-桔子＝水果　［ ］火車-自行車　［ ］手錶-尺子	＿＿／2

延遲回憶	回憶時不能提示	面孔【 】	天鵝絨	教堂	菊花【 】	紅色【 】	僅根據非提示回憶計分	＿＿／5
選項	分類提示							
	多選提示							

定向	【 】日期　【 】月份　【 】年代　【 】星期幾　【 】地點　【 】城市	＿＿／6

總分：＿＿＿／30

　　最後得分如果高於 26 分屬於正常，如果低於 26 分，建議尋求專業的醫生進行進一步的檢查。

失智的預防和干預

　　失智的症狀具有持續性，導致個體對外界環境的感知和適應困難，從而影響個體生活，甚至造成不良的後果。預防和干預目的是提高失智症老人處理和解釋信息的能力，改善老人在家庭和社會生活中各方面的功能。合理的認知訓練、規律地吃飯和睡覺、規律地運動、有營養地進食，保持一定的社會交往、接觸和學習一些新的知識技能，都對預防和延緩認知障礙的發生有積極的作用。

● 失智症的干預和預防

有意識的認知訓練

　　下棋、打牌、寫毛筆字、讀書讀報、打麻將等日常認知訓練；記憶、執行控制能力等方面的訓練。

| 改善或者提升老人的認知功能 | 可適當增加老人的社交 | 降低老人失智症的發病風險 |

適當的體育鍛煉

手指操

廣場舞　　　　　　　　太極拳

| 鍛煉老人的身體 | 通過記動作、記節奏，可以鍛煉到老人的大腦 | 降低老人失智症的發病風險 |

合理的營養膳食

1. 平衡膳食，保證老人從膳食中攝取的營養素種類齊全、數量充足、比例合適。

2. 堅持食物多樣化，注意食物主副食合理搭配、粗細兼顧。

3. 根據老人消化生理特點，提供符合老人營養需要的膳食。

4. 制定膳食制度：少量多餐；飲食有規律；定時定量；防止過飽過飢；禁暴飲暴食；注意早餐的質量。

5. 注意食物色、香、味、形，軟硬適中，易於老人咀嚼和消化。

6. 創造安靜、良好的進餐環境，讓老人充分享受進食的樂趣。

營養的膳食可以愉悅老人的心情	良好的飲食習慣有益於預防或延緩失智症的發生或發展	合理的膳食結構會有益於降低失智症發生的風險

（1）食物多樣化，穀類為主；

（2）每天食用適量奶及奶製品、豆及豆製品；

（3）肉類以魚、禽類為主；喝足量的水；

（4）常吃含有抗氧化、抗衰老的食物：草莓、櫻桃、西瓜、番茄、石榴、檸檬、橙子、橘子、藍莓、胡蘿蔔、木耳、三文魚等。

第四節

失智不同階段的護理要點

┃ 護理要點

第一階段：失智症早期

老人症狀

1. 記不住最近發生的事情或談話內容。
2. 不斷問同樣的問題或不斷複述同樣內容。
3. 喪失財務管理能力。
4. 不願參與社交。
5. 做飯和購物困難。
6. 判斷力差、難以做出正確的決定。
7. 可能會在熟悉的環境中迷失方向或容易迷路。
8. 否認有異常。

護理要點

1. 協助其參與有意識的訓練和社交活動。
2. 理解並包容失智老人的異常行為。
3. 關注失智老人的變化，並為他的未來做好全方面準備。
4. 積極尋求專業人士或機構的幫助。

第二階段：失智症中期

典型症狀

1. 異常行為或情緒經常出現，如憤怒、暴力行為、懷疑、過度反應和偏執（例如，相信家庭成員正在偷錢或配偶有外遇）。
2. 更多重複的問題或陳述。
3. 徘徊或傍晚和晚上易躁動（日落綜合徵）。
4. 基本生活能力開始喪失，如飲食困難、尿失禁、害怕洗澡等。
5. 囤積物品，特別是紙張。
6. 不當的性行為。
7. 可能會失去識別家人和朋友的能力。

護理要點

1. 可能需要一天 24 小時照顧或監督。
2. 創造安全舒適的環境，確保老人安全。
3. 尋求專業人士意見，加強醫療護理。
4. 尋求家人、朋友或其他專業支持團體的情感支持。
5. 注意緩解照料者的壓力，提高老人和照料者的生活品質。

第三階段：失智症晚期

老人症狀

1. 喪失溝通能力。
2. 無法識別人物、地點和物體。
3. 基本生活完全不能自理。
4. 失去微笑的能力。
5. 可能發生癲癇。
6. 可能嗜睡。

護理要點

針對失智症晚期老年人，家庭已經無法承擔相應的照護，應將其送往專業護理機構或失智照護機構中給予失智老人更好的照料和協助。

ⅼ2 保持心靈相通

由於大腦功能喪失，晚期認知障礙症患者是通過他們的感官去感受世界的。雖然你不能通過語言與患者溝通，但你可以用許多其他方法來表示安慰和關愛。

● 回憶與分享

用一個盒子裝一些相片及其他物品，例如：一道家常菜的食譜，或一枚比賽獎牌等。讓患者選擇其中一個物品，然後你可以分享相關的故事。

● 刺激感官

患者可能特別喜歡聞某種花卉、食品或有香型乳液的氣味。他們可能喜歡撫摸寵物，或觸摸某些有紋理的布料、玩偶等。如果患者能夠被攙扶着行走或使用輪椅，他們可能會喜歡欣賞窗外的景色或者外出觀鳥賞花。

- 播放音樂和影片

    選擇患者年輕時喜愛的音樂，或者與其自身的經歷背景有關的音樂。影片也能鬆弛神經，最好是選擇以大自然為場景且配以柔和平靜的聲音的影片。

- 閱讀給患者聽

    為患者朗讀其最喜歡的故事、詩歌、講述家人的一些故事等，即使患者不能明白其中的意思，但你溫柔的聲音和有節奏的語調能帶給人慰藉。

- 用觸摸的方法安慰患者

　　撫觸是一種強力的聯繫。你可以握着患者的手，或輕輕地按摩其手、腿或腳，輕輕地梳理其頭髮。

- 用聲音安慰患者

　　對患者說甚麼並不重要，重要的是怎麼說。用輕柔和富於感情的語調說話，會令患者感到安全和輕鬆。

第五節

失智老人防走失相關措施

衣服繡上名字、聯繫電話；衣袋中放置緊急聯繫卡（塑封的，上面有老人名字、緊急聯繫人姓名、電話、家庭住址、老人常見疾病、血型等）；帶定位功能的手環、走失後及時報警、通過網絡發佈信息等。

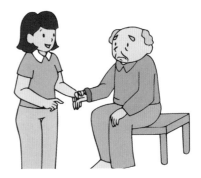

緊急聯繫卡模板

謝謝你照顧我的親人，請撥打家屬電話或 999		
姓名　　　　　　　　　年齡　　　　　　　　　血型		
既往病史：		
家庭住址：		
家屬電話：（1）　　　　　　　　　　（2）		

失能、失智老人的照料是一個無法預期長短的過程。一旦開始承擔照料，便往往是日復一日，好像永遠看不到盡頭。照料者往往也會因為長期照料的壓力而身心俱疲，照料的質量也就難以保障。照料者應當學會舒解和釋放壓力，讓自己和需要照料的老人盡可能生活得輕鬆愉快些。

第十章
照料者的自我照護

第一節
照料可能帶來的壓力和挑戰

不了解老年人 → 對老人的身心特點、特別是疾病的認知不夠，對照料產生害怕、焦慮的情緒。

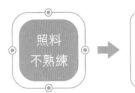

照料不熟練 → 不懂照料的知識技能或不熟練，感到挫折、沮喪、生氣等，老人也很難得到妥善的照料看護。

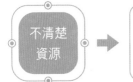

不清楚資源 → 很多家庭照料者不清楚自己社區和周邊的醫療和養老服務資源，缺乏尋求幫助和支持的抓手。

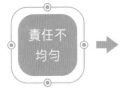

責任不均勻 → 照料時間、照料費用、角色分工不清楚、不均勻，容易導致家庭矛盾、破壞家庭和諧，甚至出現照護者身心俱疲、遺棄或虐待患者的情況。

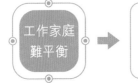

工作家庭難平衡 → 照料會擠壓照料者個人的工作和社會交往等時間，會改變照料者的生活和工作規律，影響其正常的生活和工作。

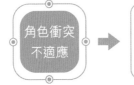

角色衝突不適應 → 父母、夫妻等角色會退位於照料和被照料的角色，彼此之間溝通交流的方式也會不同，需要雙方都進行積極的調整和適應，否則容易發生矛盾和衝突。

身心俱疲難承受 → 繁重的照料、無人傾吐的焦慮、無助等會使很多照料者感到心力交瘁。照料的艱辛甚至會讓照料者產生自己被社會遺棄、與社會隔離的悲觀情緒。

第二節

評估照料壓力，正視照料負擔

• 照料者壓力檢測表

　　照料者請誠實對待自己內心的聲音，以了解自己的壓力情況。此外，當壓力過於沉重，嚴重影響睡眠、食慾，甚至有輕生念頭等情況，持續兩週以上者，必須尋求其他專業人員（如精神科醫師、家庭醫生、心理師等）的協助。

照料者壓力自我測定				
請根據自己真實的感受，選擇相應的分值	從來沒有	很少這樣	有時這樣	經常這樣
1. 即便自己身體不舒服，還是要照護他／她。	0	1	2	3
2. 感到疲倦。	0	1	2	3
3. 體力上負擔重。	0	1	2	3
4. 很難抱起來或移動他／她。	0	1	2	3
5. 睡眠被干擾（因為患者在夜裏無法安睡）。	0	1	2	3
6. 因為照護他／她，讓你的健康變壞了。	0	1	2	3
7. 感到心力交瘁。	0	1	2	3
8. 照護他／她，讓你精神上覺得痛苦。	0	1	2	3
9. 當你和他在一起時，會感到生氣。	0	1	2	3
10. 因為照護家人，無法出遠門。	0	1	2	3
11. 與親朋好友交往受影響。	0	1	2	3
12. 必須時時刻刻都要注意他。	0	1	2	3
13. 照護他／她的花費大／經濟上負擔重。	0	1	2	3
14. 因為照料他／她，不能外出工作，收入受影響。	0	1	2	3
總分				

結果評估

總分為 0：完全沒有壓力。說明你已經能夠克服照護上所面臨的各種問題與壓力。你可以把自己在照護方面的一些好的經驗告訴其他照護者，幫助他們更好地處理照料問題。

總分在 1-13 分：調適得很好。但是照護的路很漫長，努力保持良好的狀態，維持好自己的生活節奏。

總分是 14-25 分：已經開始出現一些壓力的徵兆。建議積極尋求身邊的社會資源來減輕照護壓力。應該主動向家人或鄰居、社區工作人員等傾訴您的困難，尋求他們的一些支持和協助。

總分是 26-42 分：壓力過大。目前你的照料壓力已經相當沉重，強烈建議立即向家人、親友或社區、社會的養老支持資源求助，以確保你和被照護的老人都能有良好的生活品質。

第三節

紓解照料壓力的 4 項原則 N 種方法

　　不想累積壓力，就必須正視自己現在的生活。照料者的生活，需要營養均衡的飲食、開放的心態、良好的睡眠品質、適度的運動這四大條件來保持平衡。

　　早晨在一夜好睡眠後輕鬆醒來，然後愉快享用早餐；白天在整理家務和照料工作的空閒之餘，進行適度運動；晚上沐浴後，全身舒爽地進入夢鄉等，上述情況說起來很簡單，但全部做到卻很難，所以不必急於一時，只需按照自己的步驟，從能力可及的範圍開始行動就好。

● 均衡的營養

　　每天給身體補充充足的能量、能提高免疫能力的維生素，有利於消除身心的疲憊。

● 開放的心態

　　定期參與一些社會組織或外面的活動，保持自己的興趣愛好，與家人和朋友分享自己的生活經歷包括照料壓力，這些都有助於釋放照料的壓力，維護良好的心態。

4 項原則

- 適量的運動

　運動不僅可以增強體質，同時也能改善心情，保持適量的運動，可以提高承受壓力的水平。

- 良好的睡眠

　睡眠是人體最有效的自我修復和充電方式，睡眠中人體可以分泌讓人放鬆和有助於機體修復的激素，養成規律的作息、按時起床、適當午休，可以極大地消除疲勞、提升免疫能力，是緩解壓力的重要法寶。

1 均衡的營養

身體感受到壓力時，會自主產生防禦反應而大量消耗某種營養素，所以必須在三餐飲食中積極攝取富含這些營養素的食物，以補充消耗，並消除體內的壓力。

維生素 B_1

活化因為壓力而受到抑制的腦內物質代謝機能，可以用豬肉、肝臟、糙米、綠色蔬菜等加以補充。

蛋白質

合成副腎皮質荷爾蒙時所需的酵素來源。可以用肉類、魚貝類、蛋類、乳製品、大豆等加以補充。

鈣、鎂

鈣可以抑制神經、穩定情緒，鎂則有助於鈣質吸收。
鈣來源：牛奶、乳製品、小魚、海藻類等。
鎂來源：堅果類、納豆、糙米等。

維生素 C

能有助於合成抗壓力的副腎皮質荷爾蒙，可以用花椰菜、小青菜、青椒、蓮藕、柑橘類等加以補充。

2 開放的心態

來點奢華聚餐或旅行

　　利用喘息照料等服務，給自己一點自由活動的時間，看場電影、好好享受小旅行或朋友聚餐等快樂的活動。

不放棄興趣愛好

　　為自己的興趣愛好投入時間也很重要，照料間歇讓自己全心投入興趣愛好，可以紓解壓力。

向家人、朋友吐吐苦水

找人吐苦水，尋求他人的理解，對紓解壓力有很大幫助。有必要的話找個無話不談的對象，偶爾向他發發牢騷。

讓自己保持接觸和了解新的信息

由於有照料責任，照料者參與和接觸社會的時間會受到限制，但通過閱讀、看新聞等方式讓自己能接觸到和了解一些新的資訊，不讓自己與社會太多脫離。

適量的運動

太極拳

太極拳是我國傳統的健身拳術之一。由於動作舒展輕柔，動中有靜，外可活動筋骨，內可流通氣血，協調臟腑，是一種很好的身心調養修整方法。

健走

健走等適度運動除了可以促進新陳代謝外，對消除疲勞紓解壓力也有效。

廣場舞

廣場舞是近些年廣受中老年人喜歡的一項集體性的有氧運動。伴隨着節奏歡快的音樂與同齡的舞伴一起舞動，不僅可以有效地鍛煉身體的柔韌度，強身健體，而且也是一種社會交往的好渠道，可以幫助照料者在舞伴的陪伴下舒緩壓力、增強承受生活壓力的信心。

4 良好的睡眠

按時起床

節假日的早晨也要盡量在同樣時間起床，起床後沐浴在晨光下，有助於設定體內生理時鐘。

短時午休

20 分鐘左右的午睡有消除疲勞的效果，午睡超過 30 分鐘，可能會影響夜晚難以入睡。

消除疲勞最有效的良方莫過於好品質的睡眠。好的睡眠時長因人而異，只要醒來的時候感到神清氣爽，就是好品質的睡眠。想一想甚麼樣的睡眠環境可以讓自己一夜好眠，第二天醒來疲憊全消，朝著這個方向去做就對了。

● 就寢前關掉房間大燈

照明度偏低的安靜房間催人入眠；強光和噪音會刺激情緒高亢。

● 泡溫水澡

泡溫水澡能促進副交感神經發生作用，可有效放鬆身心。

● 避免攝取咖啡因和香煙

咖啡、香煙等會刺激神經，就寢前 4 小時就不能再使用。

1. 作息規律：盡量固定入睡時間、起床時間，白天適度曬曬太陽，中午小睡 15-30 分鐘，保持適度的運動，讓身體的生物鐘穩定有規律。

2. 營造舒適的睡眠環境：安靜的環境、偏暗的燈光、舒適的溫度（21℃左右）、舒適的枕頭和被褥等都有助於睡眠。

3. 找到一個適合自己的睡前放鬆的形式——閱讀、泡澡、看看輕鬆的電視、進行放鬆訓練等都可以幫助睡眠。

4. 晚餐時間不宜過晚、不宜吃太飽，避免腸胃負擔過重影響睡眠；睡前避免攝取刺激性的食物或飲品，如含有咖啡因、酒精、尼古丁的食物或飲品。

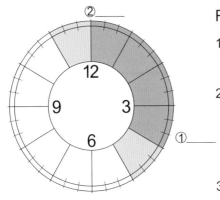

R90 睡眠法步驟：

1. 固定起床時間，在①處填寫這一週計劃
   的起床時間。

2. 倒推入睡時間：從起床時間往前推 5 個
   睡眠週期（夜晚一個睡眠週期為 90 分鐘，
   即倒推 7.5 小時），在②處填寫最佳入
   睡時間。

3. 睡前睡後：睡前 1 小時為入睡做準備。

4. 充份休息：白天睡眠 30 分鐘為一個週期，
   且每次不超過 30 分鐘。

5. 週期計算：統計每天夜間與白天休息周
   期總和。

每週睡眠評估

日期	晚間睡眠週期	白天補充週期
星期一		
星期二		
星期三		
星期四		
星期五		
星期六		
星期日		

睡眠質量評估

睡眠質量	一週的睡眠週期
及格	28 個
良好	32 個
優秀	35 個

⊟ 全家總動員，齊心協力共擔照料重任

　　長期照護面臨的最大問題就是不知道這樣的情況會持續多久。因此，最好的方法是所有的家庭成員，不分男女都動員起來，齊心協力共同分擔照料的責任。

爭取家人的支持

讓家人了解老人目前的照料現狀和困難

最好提前整理出目前面臨最主要的照料壓力來源。

坦誠、直接表達您對支持的需求

讓你的家人知道他們提供的幫助是您想要和需要的。

匹配你的期望與實際的支持

讓家人以他們能夠參與的方式提供幫助，並根據個人能力來劃分照料任務，有錢出錢、有力出力，盡可能讓家人都參與到照料中，一起分擔。

感謝家人提供他們能夠提供的幫助

對於家人提供的任何支持、幫助和理解，表達誠摯的感謝。

妥善處理爭議

傾聽家人的不同意見，並盡力理解

讓每個人都有發言的機會，並充份尊重發言人，不隨意、武斷打斷或反駁，盡量尊重他人的看法，努力尋找妥協的機會。

借助「局外人」協助解決爭議

可以邀請與您家庭關係密切的長輩、專業的社會工作者或朋友參與家庭會議。

利用外部的照料資源

如果家人無法提供直接的支持，可以讓他們協助尋求其他幫助，為自己提供喘息機會。如與社區居委會、社區服務中心、養老驛站等機構聯繫，以尋求幫助。

盡量原諒那些繼續拒絕參與親人照顧的家庭成員

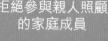

第四節

放鬆和鍛煉身體

¶1 放鬆身體

每天睡覺前，可以在床上或者舒服的地面上做一些讓身體放鬆的瑜伽動作，這非常有助於消除疲勞，緩解壓力。

深呼吸

端坐於床上，彎曲膝蓋，挺直脊柱，手臂放鬆，做 3 次深呼吸。保持頭腦清醒，加深呼吸。

前驅拉伸

端坐在床上，伸直雙腿，雙腳並攏，雙手抓腳趾。抓不到的話可以抓腳踝、小腿、大腿，只要感覺舒適就可以了。加深呼吸，提高專注力。

嬰兒式

跪在床上，手指抓腳趾，膝蓋與肩同寬，俯身趴在兩腿之間，注意調節呼吸。

簡易扭轉

盤腿坐在床上，右手放在左手膝蓋上，左手放在身後，輕輕向左轉動身體。扭頭看左肩方向，深呼吸，慢慢回歸。重複活動幾次，向另一邊做同樣動作。

仰臥束角式

躺在床上，膝蓋彎曲，腳掌相對，手臂自然放在身體兩側。如果覺得腿部不適，可以在下面放一兩個枕頭。

仰臥倒劍式

躺在床上，將腿抬起搭在牆上，身體放鬆，手臂自然放在兩側，手心朝上。輕輕呼吸，舒展身體。

搖擺式放鬆

躺在床上，雙腿彎曲，兩臂抱住腳踝處，前後搖擺身體，同時調整呼吸。

2 鍛煉身體

一些非常簡單的動作，可以幫助我們提高身體的柔韌性，增強肌肉的力量，也非常有助於提高我們對照料壓力的承受能力。

下犬式

動作要點：
（1）吸氣時抬頭，腳趾回鈎。
（2）呼氣，將臀部向上推送，並伸直雙腿。
（3）眼睛看向大腿中間，雙肩放鬆，雙手五指分開、虎口下壓地面，均勻呼吸。
（4）背部延展，腳跟均勻地向下貼地（盡力貼近地面即可）。肋骨內收，坐骨朝向天花板。
（5）保持動作均勻呼吸 30 秒。

眼鏡蛇式

動作要點：
（1）俯臥進入，雙手掌放於胸部兩側，上臂夾向身體。
（2）吸氣時收腹，胸部向上抬高。
（3）雙臂自然伸直，眼睛看向鼻尖。
（4）保持姿勢 30 秒，感受腹部肌肉的拉伸。
（5）呼氣時屈肘，身體慢慢向下，回到俯臥位。

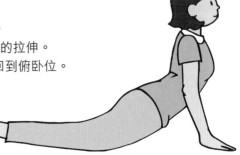

蝴蝶式

動作要點：
（1）端坐在床上或地面，兩腳心相對，上
　　　身直立。
（2）雙手十指交叉放於腳趾前方，盡可能
　　　地讓腳跟向會陰部內收。
（3）將身體盡可能地向上立起來，然後將
　　　雙手手掌放於雙側膝蓋上。
（4）隨勻速呼吸慢慢地壓動雙側膝蓋。保
　　　持動作 30 秒。

戰士一式

動作要點：
（1）直立，右腿向前邁一大步，腳尖微
　　　內扣，轉動左髖部向前。
（2）吸氣，雙臂向上延伸，上臂貼到耳
　　　朵兩側，掌心相對。
（3）抬頭，眼睛看向上方，保持均勻呼
　　　吸 15 秒。
（4）前膝對準腳踝，指向正前方。後腳
　　　外側和前腳內側均勻向下踩地，髖
　　　部平行。
（5）背部向上延展，尾椎內收，感受腋窩
　　　的伸展。
（6）重複左側保持 15 秒。

戰士二式

動作要點：
(1) 站立，兩腳分開較大距離，手臂放在體側。
(2) 左腳稍朝內，右腳向右90度。右腳跟對着左腳足弓。
(3) 吸氣時，兩臂側平舉。呼氣時，彎右膝，讓小腿和軀幹都與地面垂直。
(4) 稍收下巴，同時輕輕地轉頭向右，注視手指。稍微收臀。
雙腳均勻地下壓，左腿伸直，均勻緩慢地呼吸。保持5-30秒。
(5) 慢慢把頭轉回正中，吸氣時伸直右腿，呼氣時兩腳轉到前面。
(6) 放下手臂，休息片刻，然後換邊重複相同的練習。

單腿下蹲式

動作要點：
(1) 蹲姿。屈右膝，同時右腳腳尖向外打開，臀部向下，左腿伸直。
(2) 雙手在胸前合十，右側肘部抵住右膝內側。
(3) 眼睛看向前方。
(4) 保持穩定呼吸，雙肩向下放鬆，胸部向上打開。
(5) 左大腿內側肌肉上提，左腳外側壓實地面。
(6) 感受大腿內側的伸展。
(7) 吸氣時伸直左腳向內收回，回到蹲姿，指尖點地。重複另一側，每側保持15秒。

敬禮式

動作要點：
（1）山式站立。
（2）雙手扶髖，雙腳打開略寬於肩，腳跟向內扣。
（3）雙手在胸前合十。呼氣，臀部向下。
（4）雙肘抵住雙膝內側，打開髖部。
（5）眼睛看向前方，保持均勻呼吸 30 秒，背部挺直向上伸展，肘部用力向外推膝蓋內側。雙手大拇指抵住心輪，臀部自然向下沉。
（6）感受髖部的伸展。吸氣時伸直雙腿、身體向上；呼氣時手扶髖，還原。

參考文獻

1. 林曦、姚琪、章曲，《居家養老住宅適老化改造》[M]. 北京：中國建材工業出版社，2016。

2. 中國營養學會，《中國居民膳食指南 2016》[M]. 北京：人民衛生出版社，2016。

3. 孫紅、尚少梅，《老年長期照護規範與指導》[M]. 北京：人民衛生出版社，2018。

4. 喬琳・布瑞奇，《他們從未忘記你》[M]. 王佳琬，譯，北京：華文出版社，2014。

5. 李高峰、朱圖陵，《老年人輔助器具應用》[M]. 北京：北京大學出版社，2013。

6. 王光榮，《輔助器具適配教程》[M]. 遼寧：遼寧人民出版社，2016。

7. 北京老年癡呆防治協會，阿茲海默病防治協會，國際老年癡呆協會中國委員會、《失智老人照護師》[M]. 北京：北京出版社，2017。

8. 台北 / 台中 / 高雄榮總 35 位高齡醫學專家，《老有所依　父母居家照護全書》[M]. 武漢：長江少年兒童出版社，2015。

9. 米山淑子，《居家照護全方位手冊》[M]. 胡慧文，譯，台北：新自然主義出版社，2016。

www.cosmosbooks.com.hk

書　　名	實用居家養老照料指南	
編　　者	賈雲竹、喻聲援	
責任編輯	王穎嫻	
美術編輯	郭志民	
出　　版	天地圖書有限公司	
	香港黃竹坑道46號新興工業大廈11樓（總寫字樓）	
	電話：2528 3671　傳真：2865 2609	
	香港灣仔莊士敦道30號地庫（門市部）	
	電話：2865 0708　傳真：2861 1541	
印　　刷	亨泰印刷有限公司	
	柴灣利眾街27號德景工業大廈10字樓	
	電話：2896 3687　傳真：2558 1902	
發　　行	香港聯合書刊物流有限公司	
	香港新界荃灣德士古道220-248號荃灣工業中心16樓	
	電話：2150 2100　傳真：2407 3062	
出版日期	2021年2月／初版	